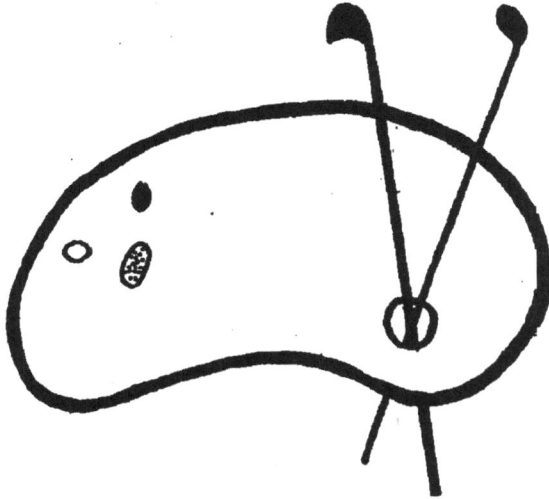

COUVERTURE SUPERIEURE ET INFERIEURE
EN COULEUR

COURS PRATIQUE

DE

FRANC-MAÇONNERIE,

Par le F∴ CHEMIN-DUPONTÈS.

CINQUIÈME CAHIER,

PUBLIÉ SUR LA DEMANDE ET SOUS LES AUSPICES

du Conseil des Chev∴ GG∴ El∴ K∴ Isis-Montyon.

INSTRUCTION

SUR LES

Grades Philosophiques.

AVIS ET NOTIONS PRÉLIMINAIRES.

1°. *Ecossisme modifié par le G∴ O∴*

Nous n'avons plus de comparaison à faire avec le rit
français, qui se termine au Gr∴ de R∴ C∴. On serait
néanmoins fondé à dire que le G∴ O∴ nous a donné un
écossisme *francisé*. Cela est incontestable pour les gr∴
capit∴, ajoutés par lui, comme faisant partie intégrante
du rit français, aux trois deg∴ symb∴, avec des modifications et des réductions qui ne sont en réalité que des
fusions. Se chargeant plus tard de l'administration de
l'écossisme entier, il en a conservé tous les gr∴; mais il
a fait des changemens notables aux cahiers, particulièrement dans les gr∴ supérieurs, le 30e entre autres,
que l'on a surnommé *philosophique,* pour le distinguer de
variantes qui sont en contradiction, les unes avec l'esprit
de notre siècle, les autres avec celui de la maç∴ elle-
même. C'est là ce que nous appelons l'écoss∴ francisé,
par opposition à celui que nous avons quelquefois désigné
dans ce Cours, sous le nom de véritable écossisme (note

14

de la p. 242), comme étant le rit primitif, enfant lui-même d'un pêle-mêle de vieux gr∴, que l'on peut compter par centaines *. Le G∴ O∴, a eu raison de modifier l'ancien écossisme; mais ceux auxquels il a confié ce travail, l'ont fait avec peu de soin; car, pour la plupart des H∴ G∴, ils ont retranché à grands coups de ciseaux, sans rien mettre à la place (p. 235). Nous aurons peut-être aidé à remplir ce vide, en cherchant des élémens d'amélioration dans les rituels tant primitifs que nouveaux.

2°. *Des catéchismes, et de leur usage.*

Les dialogues en forme de catéchismes, qui sont en tête de nos cahiers symb∴, ont été approuvés comme propres à faire connaître dès l'abord, aux esprits les moins attentifs, le but, la doctrine et les principaux symboles des gr∴, et de plus, comme moyen facile de rappeler sommairement aux maç∴, anciens ou nouveaux, ce qu'il y a d'essentiel à savoir, et de s'assurer si un récipiend∴ qui sollicite un gr∴, a étudié celui ou ceux qu'il a reçus précédemment. Ils permettent encore, dans les cas d'urgence, d'abréger les réceptions sans aucun inconvénient; car, étant mis entre les mains des nouveaux reçus, ils suppléent, ainsi que les développemens qui les suivent, aux instructions que le temps n'aurait pas permis de donner. Le rédacteur de la *Revue Maçonn∴* (Lyon), qui se dévoue avec autant de zèle que de talent au progrès de la maç∴, et qui a traité notre Cours avec une bienveillance dont nous le remercions, semble craindre que la lecture répétée de nos catéch∴ ne devienne fatigante. Nous avons exprimé p. 54, la même pensée sur les formules qui reviennent souvent. Aussi nos dialogues, surtout ceux des gr∴ symb∴, qui sont plus longs, n'ont-ils pas été rédigés pour être lus à chaque tenue ou à chaque réception, et nous en avons averti les présidens p. 103. Nous avons même eu la précaution de réduire à un très petit nombre, les questions indispensables, aux-

* Il existe des cahiers chargés du bagage de 200 gr∴. Nous possédons un manuscrit qui porte en plusieurs endroits la date de 1697, et qui relate divers systèmes, dans un desquels on trouve le K∴. Un autre a 27 deg∴, dont le dernier est le R∴ C∴. Avec une classification différente, ce sont les mêmes que ceux de l'écossisme, sauf deux, le 4°, dit *Pendéur*, un peu bouffon, et le 25°, appelé *Sublime Philosophie*, très grave, et qui recommande aux maç∴ la *science universelle*.

quelles tout maç.·. doit répondre, si on les lui fait comme on en a le droit, lorsqu'il passe au tuilage. Ces dialogues sont donc utiles, sans pouvoir être nuisibles, puisque les présidens les resserrent ou même les suppriment, suivant le temps et les circonstances. Mais les nouveaux initiés à un gr.·. les lisent en entier chez eux pour peu qu'ils désirent le connaître. Ils sont toujours à portée de rafraîchir leur mémoire sur ce qu'ils ont pu oublier, ou ce qu'ils n'ont vu d'abord que superficiellement.

Le catéch.·. des gr.·. capit.·. est très court : nous en avons dit le motif p. 221. Il est moins destiné à être lu en chap.·. qu'à rappeler en peu de mots aux R.·. C.·. l'objet de ces gr.·., et à fournir des aperçus pour les réceptions, suivant qu'elles sont plus ou moins développées.

Les rituels ne donnent pas de catéch.·. pour tous les gr.·. philos.·., surtout pour les plus élevés. Tous ceux de cette catégorie ayant dans leur ensemble plus d'unité que ceux des autres classes, n'offrent pas un objet spécial aussi rigoureusement déterminé, et l'on peut leur donner des interprétations différentes, souvent applicables à d'autres degrés de la même catégorie. Nous réservons donc ces interprétations pour le chapitre qui leur est consacré, sans les formuler en demandes et réponses. Si le catéch.·. du R.·. C.·. a dû être court, il serait tout-à-fait inutile au chev.·. K.·., pour lequel il n'y a presque pas de formules textuelles, et qui puise dans le raisonnement les réponses aux questions qu'on peut lui adresser. En effet, s'il est permis d'appliquer à l'avancement maçonn.·. la graduation de titres usitée dans les corps enseignans, nous pouvons dire que le chev.·. K.·. doit être un *docteur* en maç.·., tandis que l'app.·. et le comp.·. sont des *écoliers*, celui-ci plus avancé que celui-là ; le M.·., un *bachelier* ; le R.·. C.·., un *licencié*.

3°. *Décors pour les atel.·. et pour les maç.·.; bijoux, mots, sign.·., attouch.·.,* etc. (Voir l'avis en tête du même article pour les gr.·. capit.·., p. 224.)

Les Statuts donnés par le G.·. O.·. semblent ne considérer dans la classe des gr.·. philos.·., que le dernier comme essentiel. Cependant les cahiers qu'il adresse aux Conseils de 30°, les partagent en trois ordres ou séries, celles du Prince du Liban, du Chev.·. du Soleil, et du Chev.·. K.·.

Première Série. Décor du *Prince du Liban* : cordon uleur de feu en sautoir; bijou, une petite hache d'or, un œil en or sur la bavette, table figurée au milieu avec des plans dessus. Décor du collége : tenture bleue, représentant une forét, avec des arbres abattus, haches, scies, maillets ; 11 lumiéres. Deuxième appartement, Conseil de la Table ronde : tenture rouge, figures géométriques, et instrumens analogues. (Voir ce que nous avons dit sur le matériel, note p. 242.) Un signe et la réponse. Attouch.˙. avec trois mots sacrés, trois mots de passe... batterie, très simple.

SECONDE SÉRIE. Déc.˙. du Chev.˙. du Soleil : collier d'or, auquel est suspendu un triangle qui renferme un soleil du même métal ; point de tablier. Déc.˙. du grand Conseil : piéce unique, tenture de l'ordre symb.˙. Un seul foyer de lumiére, représentant le soleil. Un signe et la rép.˙. Batterie.... attouch.˙... un mot sacré, un de passe...

TROISIÈME SÉRIE. Déc.˙. du Chev.˙. K.˙. : cordon noir, liseré de blanc, porté en écharpe de droite à gauche ; croix teutonique sur le cœur (c'est la croix grecque), p. 279.) Les lettres C K S en blanc sur le cordon. Bijou, aigle couronné à deux têtes ; couronne, bec, épée, en jaune, le reste en noir. Déc.˙. du Temple : trois appart.˙. outre la ch.˙. de préparation : l'Aréopage, tendu en bleu ; le Temple de la Sagesse, en blanc ; le Sénat, en rouge, avec l'échelle mystér.˙. à deux montans. C'est la piéce principale, où se passe la plus grande partie de la réception. Signe... attouch.˙... un mot sacré... un de passe... batterie... marche... âge...

Il nous semble qu'il y aurait un moyen aussi simple qu'utile, d'en finir avec tout l'attirail matériel que les rituels prescrivent pour les Chapitres et les Conseils (notes des p. 242 et 247). On le néglige tout-à-fait ou à peu près, parce que sa réalisation est impossible, et serait même souvent une puérilité d'un mauvais effet. Mais par cette indifférence, on évite un excès pour tomber dans un autre : on dépouille la maç.˙. de son caractère emblématique, qui en fait une institution toute spéciale, et qui lui donne du charme et de l'intérêt lorsqu'il est contenu dans de justes limites. Ne pourrait-on pas faire peindre ou graver des écussons, au moins pour chaque série capitulaire et philos.˙., lesquels représenteraient d'une manière remarquable, et avec des couleurs distinctives, les emblèmes, vêtemens et bijoux du gr.˙. qui termine la série, et sur les côtés, plus en raccourci, les symboles les plus importans des gr.˙. préparatoires, ce qui ferait quatre écussons pour les Chap.˙., et trois pour les Conseils? Ce seraient des signes sensibles, à l'aide desquels l'attention serait mieux fixée sur les explications qui en seraient données ; car les yeux sont une des portes de l'ame. On aurait ainsi en tableaux tout ce qu'il y a de bon à conserver dans ces emblèmes, et l'on ne serait plus entre l'inconvénient de bannir toute représentation de symboles, et l'embarras d'un matériel encombrant et dispendieux ; le soin à cet égard se bornerait presque exclusivement à la tenture des temples, qui se réduit en général à être, suivant les classes et les séries, bleue, rouge, noire, et quelquefois blanche. Déjà le vén∴ F∴ Bouilly, lorsqu'il présidait un conseil de 30e, a fait exécuter pour les gr∴ philos∴, douze écussons, bien distribués et coloriés, dont le fond est pour quelques-uns, le devant d'un temple, et pour la plupart, un ample manteau, dans l'intérieur duquel sont figurés les cordons, bijoux et emblèmes. Il en faisait le sujet d'une explication concise et intéressante. Nous sommes loin de nous plaindre de ce nombre, qui honore le zèle de cet ill∴ maç∴; mais nous pensons que dans des catégories de gr∴ partagés en séries, qui en présentent un comme essentiel, et les autres seulement comme accessoires, un écusson suffirait pour chaque série, surtout avec l'addition que nous proposons de faire sur les côtés. On donnera plus d'attention dans un temple, à trois ou quatre écussons, qu'à douze ou à quinze.

CHAPITRE XII.

CARACTÈRE GÉNÉRAL DES GR∴ PHILOS∴

C'est vraiment un bonheur que cette dénomination de *Philosophiques* donnée aux douze gr∴ de cette classe. Le 30e ayant été ainsi appelé pour le motif exposé p. 289, l'épithète a fini par être appliquée à la classe entière. Si l'on ne consultait que la lettre des rituels, on n'y découvrirait pas toujours au premier aperçu l'esprit philosophique. Peut-être a-t-il été voilé à dessein dans un temps où cela était nécessaire. Mais il y est, il s'y montre, ne fût-ce que par la tendance bien prononcée à la manifestation plus explicite de la vérité, à mesure que les gr.·. s'élèvent. Quoiqu'il en soit, le mot subsiste, il est officiellement consacré, et dans ce mot il y a une révolution morale pour la maç.·., et particulièrement pour celle des H.·. G.·. En avertissant les maç.·. que le but final de leur institution est la philosophie, il leur prescrit d'élaguer dans la collation des gr.·., et dans la pratique, tout ce que la philos.·. ne peut admettre. Cette conséquence conduit à une extrême simplification, à un immense progrès. Ici, plus encore que dans les gr.·. antérieurs, se confirme ce que nous avons dit p. 231, que ces gr.·. nombreux ne doivent être considérés que comme des *cadres,* dont on conserve les noms, certaines formes, et les distributions, souvent bizarres, mais dans lesquels on a de *beaux tableaux à placer.*

Il résulte de là qu'après avoir simplifié la collation des gr.·. capit.·., de manière à ce qu'elle n'occupe qu'une ou deux séances, nous pouvons encore plus facilement conférer en une seule les gr.·. philos.·., qui n'ont que trois séries, plus connexes entr'elles que les quatre du chap.·., et remplacer par de bonnes et solides instructions, l'attirail inutile, les cérémonies fatigantes et sans but, et les contes bleus dont ces gr.·. ont été surchargés, sauf, pour conserver à ceux-ci le caractère allégorique de toute la maç.·., à rappeler par une simple mention ce qui est susceptible d'interprétations raisonnables.

Il en résulte encore que les trente gr.·. écossais (nous dirons plus tard un mot des trois derniers), effrayans pour beaucoup d'esprits qui désirent avec raison plus de simplicité, se réduisent dans la réalité à dix, savoir, trois symbol.·., quatre capit.·., et trois philos.·. On pourrait même, d'après les Statuts, qui n'en présentent dans le chap.·. que deux comme assez importans pour être sérieusement conférés, p. 233, et un seul dans le Conseil de 30°, n'en compter que six, même cinq, puisque l'on cumule ordinairement la collation du 14° et du 18° dans la même séance, lesquels, six ou cinq, forment trois classes, graduation aussi simple qu'utile, si le passage d'une classe à une autre n'est accordé que comme récompense de moralité éprouvée, d'une instruction qui s'est accrue et fortifiée en raison des gr.·., de services rendus, de zèle et de constance. Dans l'usage on ne connaît que cinq gr.·. Le M.·. demande le R.·. C.·., celui-ci sollicite le 30°; on ne se dit généralement qu'app.·., comp.·., M.·., R.·. C.·. et K.·.

Nous avons présenté les gr.·. philos.·. comme ayant plus d'unité et de connexité que les gr.·. capit.·. En continuant d'être chevaleresques, ils ont en effet un seul objet général, la PHILOSOPHIE, et l'on doit trouver dans chacun d'eux un objet particulier qui se rapporte à la tige commune, qui en soit une des branches, de manière que leur réunion complète le système. Commençons par considérer l'ensemble.

Pourquoi la philos.·. est-elle partie indispensable de la doctrine maç.·. ?... C'est parce que toute doctrine, morale, religieuse ou scientifique, qui n'est pas éclairée par la philos.·., est fausse, et qu'elle égare plus encore que l'ignorance. Aussi l'ancienne initiation a été instituée pour mettre des hommes d'élite à l'abri des erreurs du vulgaire, par des études philosophiques. Le même motif l'a fait rétablir sous le nom de fr.·.-maç.·. ; et lorsque le vieux gr.·. dont nous avons parlé p. 290, recommande la *science universelle*, c'est évidemment la philos.·. qu'il désigne. Les

gr.·. symb.·. tendent à inspirer au maç.·. le désir
et la forte volonté de son perfectionnement
moral, la bienfaisance, l'amour du travail, la
pratique de toutes les vertus qui constituent
l'homme de bien, l'homme aux sentimens déli-
cats et généreux, l'homme pour qui le devoir est
au-dessus de toute considération, l'ami de ses
semblables, le citoyen utile.

Les gr.·. capit.·. ont pour but de donner une
plus grande énergie à ces heureuses dispositions,
d'échauffer l'ame de ce saint enthousiasme qui
distinguait les vrais chevaliers pour la défense
des faibles et des opprimés, de faire en un mot
de l'amour de l'humanité, cette noble passion,
cette exaltation sublime, qui, pour le bonheur
des nations, et pour l'exemple de ce que peut
faire une philantropie ardente, a produit les
hommes révérés, dont le passage sur la terre a
été marqué par de grands bienfaits.

Quand un homme a la sagesse dans l'esprit,
la moralité dans le cœur, la noblesse dans l'ame,
la constance et la fermeté dans le caractère, et
qu'il joint à ces qualités, que recommandent les
deg.·. symbol.·., le courage chaleureux auquel
portent les gr.·. de la chevalerie, que lui man-
que-t-il donc pour qu'il soit un être parfait, digne
des regards du ciel, de l'amour et de l'admiration
de ses semblables ?... Ce qui lui manque, c'est
ce qui a augmenté dans une proportion incalcu-
lable, les moyens des plus vrais bienfaiteurs de
l'humanité ; c'est ce qui a manqué aux chev.·.
du moyen âge, âge d'ignorance et de superstition, et qui a fait avorter cette institution, pré-
cieuse d'ailleurs sous beaucoup de rapports :
c'est la véritable science, fille du ciel, la science
philosophique, celle qu'on doit puiser dans les
gr.·. qui nous occupent.

Voici donc en deux mots toute l'échelle maçonn.·. : aux premiers deg.·., vertu, philantropie... aux degr.·. intermédiaires, chaleur, enthousiasme pour le bien... Au sommet, philosophie,
pour régler et centupler les moyens de bien
faire ce qui est bon.

Ainsi, pour que ces H.·. G.·. ne se réduisent
pas à une vaine et stérile nomenclature, il faut
que les maç.·. qui en sont revêtus, cultivent la
philos.·. avec ardeur, cette philos.·. bienfaisante,
qui en conservant avec scrupule, en affermissant
même les croyances de sentiment, celles d'un
sublime ordonnateur et de l'immortalité humaine, croyances sur lesquelles reposent toutes
les institutions religieuses, et même les sociétés
civiles, détruit par l'effet pacifique et irrésistible
des lumières, les préjugés et les erreurs, qui, de
l'homme, que son auteur a créé bon et aimant,
de l'homme devenu grand par la culture de son
intelligence, de l'homme destiné au bonheur, à
condition qu'il sache jouir et qu'il n'abuse pas
des bienfaits de la nature et de la civilisation,
ont fait un être si petit, si misérable, si haineux
et si féroce.

Essayons de tracer l'esquisse des études qui
peuvent occuper dignement les GG.·. El.·. chev.·.
K.·., et particulièrement leurs présidens et orateurs. Les uns, en demandant des gr.·. non plus
seulement moraux, mais scientifiques, les autres,
en y acceptant des fonctions auxquelles est attaché un si haut enseignement, ont dû savoir qu'il
ne leur suffit plus d'avoir le cœur pénétré de ces
principes généraux de philos.·. morale qui font
le sage pratique, qu'il leur faut encore des notions plus ou moins étendues sur les théories de
la philos.·., et sur les sciences qui s'y rappor-
tent.

De la philosophie.

D'après l'étymologie, c'est l'amour de la sagesse. Mais les anciens donnaient au mot *sagesse* une signification plus étendue que nous. Ils y attachaient, et même comme partie principale, l'idée de la science. Ceux qui consacraient leur vie à l'étude, se décoraient du titre ambitieux de *sages*. Pythagore, plus modeste, prit celui d'*ami de la sagesse* (philosophe), et depuis ce temps, on a ainsi appelé tous ceux qui remontant au principe des choses, des effets aux causes, cherchent la vérité. C'est le bonheur du philosophe que célébrait Virgile quand il s'écriait : heureux celui qui connaît les causes de ce qui existe !

La philosophie est donc la science des principes, la connaissance de la vérité. Embrassant dans sa généralité toutes les lois du monde physique et du monde moral, elle se compose d'autant de philosophies particulières qu'il y a de sciences diverses.

D'abord, pour les sciences physiques, les philos.·. ont recherché l'origine des choses, qu'ils ont attribuée, les uns à l'air, les autres à l'eau, ceux-ci au feu, ceux-là aux atômes. Faisant de la physique d'après leur imagination, et non d'après une grande masse d'observations, qui leur manquaient, ils n'ont pas rencontré la vérité ; mais le zèle qu'ils mettaient à la découvrir, leur a mérité, malgré leurs erreurs, le titre d'amis de la vérité.

Dans les sciences morales, ils ont également essayé de poser les principes de la logique, de la métaphysique, de la politique, des devoirs et de la conduite de la vie. De là, la philos.·. de Pythagore, celle de Zénon, d'Epicure, de Pyrrhon, de Socrate et de Platon, d'Aristote, d'Epictète, etc.

De là aussi la philos.·. éclcotique, dans l'école d'Alexandrie, idée heureuse, qui tendait à faire choisir ce qu'il y avait de meilleur et de plus certain dans les différens systèmes philos.·., sans s'attacher exclusivement à aucun. Malheureusement elle s'établit dans des siècles déjà livrés aux subtilités d'une fausse dialectique, à l'amour du merveilleux, aux idées mystiques, dont plusieurs siècles auparavant, Platon, tantôt sublime, tantôt rêveur inintelligible, et perdu dans les nuages, avait donné l'exemple. Aussi la philos.·. éclectique, qui devait conduire à un système parfait sur ce qui était alors bien connu, fut-elle encore plus insensée que tout ce qui avait existé avant elle; la religion elle-même se ressentit de sa funeste influence. Aujourd'hui tous les hommes éclairés sont vraiment éclectiques : ils choisissent en tout, ce qui est démontré à leur intelligence; ils doutent de ce qui ne l'est pas; ils rejettent ce qui ne peut l'être; et cette disposition, loin de les enfermer dans le cercle des connaissances acquises, les excite à découvrir ou à s'approprier toutes les vérités nouvelles. Dans ce sens, l'éclectisme, stationnaire quand il est mal compris, est un système inattaquable, et qui tend au progrès.

Dans le moyen âge, on a eu la philos.·. hermétique, cette recherche insensée de l'art de faire de l'or, et de prolonger la vie indéfiniment, ou du moins au-delà des limites fixées par la nature. Tous les esprits ne sont peut-être pas encore guéris de cette chimère, qui a eu de nombreux partisans même dans le dix-huitième siècle, et qui s'est glissée jusque dans la maç.·., où elle a introduit beaucoup de gr.·., qu'on a été obligé de présenter comme des allégories, à mesure qu'on s'est éclairé. (Voir ci-après, le 26° deg.·.)

Ce moyen âge a encore été envahi par la philos.·. scolastique, qui s'est principalement exercée sur les idées religieuses, et qui ne serait qu'une folie ridicule, si elle n'avait armé les peuples contre les peuples, les citoyens contre les citoyens, pour des subtilités que comprenaient et ne pouvaient comprendre ni les vainqueurs ni les vaincus. Les ravages de ce fléau se sont étendus sur les siècles suivans, quoique plus éclairés. Des énigmes indiscrètes puisqu'elles sont insolubles pour l'intelligence humaine, sur la grace divine et sur la prédestination, n'ont-elles pas, à une époque qui n'est pas éloignée, porté le trouble dans l'état et dans les familles?

Enfin toutes les questions qui intéressent le bonheur individuel et social, ont été fortement agitées. De là une philos.·. moderne, qui a éclairé les esprits, a produit beaucoup d'améliorations, et préparé un meilleur avenir, mais qui dans l'ardeur de sa lutte contre de vieux préjugés et de vieux abus, n'a pas toujours respecté des vérités utiles. Il appartient aux maç.·. de cultiver la véritable philos.·., celle qui ne sort pas du cercle de la sagesse et de la modération. Pour mieux réussir dans cette noble tâche, qu'ils profitent des lumières des temps anciens et modernes, qu'ils fassent pour la philos.·. ce que nous leur avons conseillé pour les cultes, dont l'examen, fait dans un esprit philos.·., est aussi utile à la paix sociale qu'à la tranquillité des consciences, puisqu'il doit prévenir tous les troubles dits religieux, et qui sont très opposés à la religion. Qu'ils étudient les faits : c'est par eux que l'instruction est tout à la fois attrayante et solide. Que les présidens et les orateurs leur fassent passer en revue avec plus ou moins de développemens, suivant les dispositions de leur

auditoire, mais toujours sans un vain étalage
d'érudition, les systèmes des principales sectes
philos.·. en physique et en morale. Pour en citer
un seul exemple sur cent, qu'ils leurs montrent
les Romains, enrichis des dépouilles de l'univers,
et achevant de se corrompre sous l'influence de
l'Épicuréisme; le Pyrrhonisme aussi dangereux,
enseignant à douter de tout, des vérités mêmes
les plus certaines et les plus salutaires; le Cy-
nisme bravant toute décence, et pouvant dé-
goûter de la vertu elle-même; le Stoïcisme, la
seule ressource des grandes ames sous l'horrible
tyrannie des successeurs d'Auguste, mais jetant
l'homme hors de la nature; puis, au milieu de
ce désordre des idées, la philos.·. chrétienne (p.
80) venant consoler et éclairer les hommes par
des préceptes simples, à la portée de toutes les
intelligences, touchans pour le cœur, mis en
action par des paraboles saisissantes, propres à
guider dans la bonne voie les puissans et les riches, les faibles et les pauvres, le petit nombre
des heureux et le nombre immense des souffrans.

Qu'ils exposent de même les systèmes des
temps antérieurs et postérieurs, et que de toutes
ces données, ils déduisent celui qui convient à
un siècle éclairé, à une institution telle que la
maç.·., qui doit être le résumé de tout ce qu'il
y a de plus pur, de plus certain, de plus utile
dans les doctrines de tous les ages. Qu'ils prou-
vent par les faits, que partout la philos.·. ne fut
un bien pour l'humanité qu'autant qu'elle fut
religieuse, et que la religion n'en fut un également qu'autant qu'elle fut philosophique. Elles
ont toujours eu besoin l'une de l'autre pour se
renfermer chacune dans le cercle qui leur convient, et pour augmenter leur puissance et leur
éclat, de la force et de la lumière qu'elles se

prêtent mutuellement par leur alliance. Chacune d'elles a dégénéré toutes les fois qu'elles ont été séparées. L'histoire n'en fournit que de trop nombreux et de trop frappans exemples.

C'est par des faits aussi qu'il est facile de prouver les services que la philos.·. a rendus au genre humain. Est-il rien de plus utile pour lui que la vérité? Est-il rien qui lui nuise plus que l'erreur? La philos.·. recherche l'une, la superstition verse l'autre à grands flots. Rapprochez les époques de superstition, de celles où la philos.·. a eu quelque influence; comparez des temps qui ne sont pas encore bien anciens, aux améliorations que nous devons à la philos.·., et jugez par ce qui a été fait, de ce qui est réservé à l'avenir.

CHAPITRE XIII.

OBJET SPÉCIAL DE CHACUN DES GR.·. PHILOS.·.

Première Série, qui prend son nom de son dernier gr.·., le 22ᵉ, Chev.·. Royal-Hache, ou Prince du Liban. Trois deg.·. préliminaires :

Le 19ᵉ, Grand Pontife, ou Sublime Écossais de la Jérusalem Céleste, a pour emblème une ville dont la forme carrée indique la régularité de son gouvernement, de ses mœurs, la sagesse de ses lois et de ses doctrines. Elle représente la religion pure, venant remplacer les superstitions anciennes. La destruction de celles-ci est figurée par des édifices en ruine, et par le serpent à trois têtes, symbole des erreurs religieuses : la philos.·. l'enchaîne. Le cordon et le bandeau étoilés des GG.·. Pontifes, l'Alpha et l'Oméga, première et dernière lettres de l'alphabet grec, inscrits sur

le cordon, les avertissent de porter leurs cœurs
et leurs espérances vers celui qui est le principe
et la fin de toutes choses. Le fond blanc du tableau leur rappelle la tunique de l'Hiérophante,
grand-prêtre d'Eleusis, qui en instruisant les
initiés sur l'immensité des cieux, représentée
par ces étoiles d'or, leur donnait les premières
leçons de philos.·. religieuse. On peut donc
traiter cette branche de la philos.·. dite, *Théodicée*, science sur Dieu. Que le maç.·. des gr.·.
antérieurs croie en Dieu par sentiment, par la
considération de ses œuvres, qui frappent tous
les yeux, celui des H.·. G.·. doit être en état de
raisonner sa croyance, et de la faire partager aux
autres. Pour cela il faut qu'il connaisse les preuves physiques, métaphysiques et morales sur lesquelles s'appuie la foi dans un être suprême, les
principaux attributs de cet être, sa providence,
c'est-à-dire, l'action de sa puissance, de son intelligence et de sa bonté dans le gouvernement
du monde, la fin qu'il s'est proposée dans le plan
de l'univers, qu'il sache réfuter les objections
tirées du mal physique et du mal moral, qu'il
soit assez instruit pour répondre par un *je ne
sais pas* à des questions insolubles, telles que
celle sur la prescience divine, qui a engendré
le malheureux système de la prédestination, du
fatalisme. Savons-nous comment Dieu prévoit
l'avenir ? Et notre ignorance sur ce grand mys-
tère doit-elle nous conduire à la pensée qui
ferait de Dieu un tyran capricieux et cruel, celle
qu'un homme est prédestiné à faire le mal malgré
ses efforts pour l'éviter, à l'idée folle qu'il est
inutile de chercher à détourner des malheurs,
parce qu'ils sont écrits d'avance dans ce que la
superstition appelle le *livre des destins*.

Le nom du 20°, *G.·. M.·. de toutes les LL.·.*, ou

M∴ *ad vitam*, annonce qu'il est une suite du
précédent, et confirme le Pontificat maç∴ du
récip∴, à qui son titre impose l'obligation d'acquérir la capacité nécessaire pour répandre
l'instruction et diriger les travaux. Il s'engage à
la fidélité, à la constance, afin de parvenir à la
perfection. Il prête ce serment, assis, un brasier
sous les pieds, et un glaive sur la tête, emblèmes
de l'ardeur et du courage qui conviennent au
maçon, à celui surtout qui a ou peut avoir une
belle mission à remplir, celle de chef d'atelier.

Ce que nous venons de dire sur la théodicée,
s'applique à la *Morale*, considérée comme science
positive. Jusqu'ici on a recommandé l'observation de ses préceptes au sentiment et à l'amour
du bien. Il faut en appeler au raisonnement, la
traiter avec la méthode philos∴, montrer le
devoir comme ayant son principe dans la loi naturelle, et reposant sur la distinction du bien et
du mal, du juste et de l'injuste. C'est la morale
générale, ou l'obligation absolue, d'où dérive le
devoir; puis, passant à la morale spéciale, pré-
ciser les devoirs particuliers de l'homme, suivant
ses rapports avec les autres êtres et avec lui-
même, en expliquer la nature, et déterminer les
règles à suivre pour les remplir.

Le 21°, G∴ *Patriarche Noachite*, ou *Chev∴
Prussien*, invite à la méditation, à ce recueille-
ment poétique et religieux auquel il est bon de
se livrer quelquefois pour se relever de l'esclavage des sens. C'est un reste d'un ordre très
austère de Prusse, dans lequel on se privait du
plaisir des banquets, et l'on ne tenait Loge que
pendant la nuit de la pleine lune de Mars. C'est
dans l'obscurité des nuits, a dit un poëte alle-
mand, que l'immortalité s'est révélée à l'homme.
En effet, combien la vue du ciel étoilé dans une

belle nuit, n'est-elle pas propre à lui inspirer de hautes pensées sur l'harmonie et l'immensité de l'univers, et sur lui-même! Ici donc, et par les motifs exprimés pour les deux gr.·. précédens, nous pensons qu'il y a lieu de s'occuper de la *Psychologie*, science de l'ame. Preuves de son immortalité, ses facultés, la conscience, les idées, le raisonnement, la liberté du choix entre le bien et le mal, etc. Nous n'avons pas besoin d'ajouter que dans ces matières, il faut être précis, éviter une métaphysique trop abstraite, se faire aisément comprendre par des exemples.

Si l'on juge à propos de mentionner la singulière prétention des chev.·. Prussiens, on y trouvera une leçon contre l'orgueil, contre les entreprises téméraires, et en faveur du repentir. Ils se disent descendans de Phaleg, l'architecte de la tour de Babel, qui s'est condamné à l'exil et à une rigoureuse pénitence, en expiation de cette construction insensée.

Dans le 22ᵉ degré, *Prince du Liban*, ou *Chev.·. Royal-Hache*, il s'agit de couper sur la montagne les matériaux nécessaires pour la réédification du temple. Le candidat est armé d'une hache pour abattre les arbres qui doivent servir à cette construction nouvelle, et d'un glaive pour sa défense et celle de ses frères. Il a appris dès les premiers gr.·., que cette construction matérielle symbolise la réédification du temple moral, qui exige encore plus de résolution et de fermeté.... quelques questions : a-t-il, ou veut-il avoir cette force et ce courage?...

D'autres ont vu dans ces arbres abattus, une allusion à l'art de la navigation,·par lequel se sont distingués les Sidoniens, qui employaient les cèdres du Liban à la construction de leurs vaisseaux. Cette allusion n'est pas à dédaigner :

14.

l'art de la navigation, par son utilité, par les connaissances multipliées qu'il exige, et par celles qu'il a procurées, mérite d'avoir sa place dans la science philosophique. Célébrer les bienfaits de la *navigation*, qui prouve l'intrépidité, la puissance et le génie de l'homme, et le met en contact avec les deux mondes. Comme cet art n'a pu s'étendre qu'en raison des progrès de *l'astronomie*, on peut faire de celle-ci, dans une autre occasion, le sujet d'une instruction particulière. Déjà nous avons invité à exposer les preuves physiques de l'existence d'une cause puissante et intelligente. Ces preuves sont toutes les merveilles de la nature, et parmi ces merveilles, la plus brillante est cette infinité d'astres qui roulent sur nos têtes, la régularité de leur cours, et l'effet de plusieurs sur le globe que nous habitons. Il est facile de rendre ces grands phénomènes sensibles, même aux intelligences qui ne les ont jamais étudiés.

Deuxième Série, *Chev.'. du Soleil*, ou Prince *Adepte*, le 29° du rit *. Les trav.'. s'ouvrent à ce grade. Les formes se simplifient, comme il convient à mesure que l'on avance dans la carrière philos.'. Une seule lum.'. éclaire l'asile où la vérité doit briller dans tout son éclat. Il n'y a qu'un surv.'., qui est en même temps orateur,

---

* Certains cahiers terminent cette série au 27° gr.'., où ils placent le Chev.'. du Soleil, et font des 28 et 29°, les préliminaires du Chev.'. K.'. La classification que nous suivons, est celle des cahiers primitifs. Outre qu'elle a été adoptée par des auteurs qui ont bien étudié l'Ecoss.'., par de bons tuileurs, et par de savans Conseils, elle nous paraît plus rationnelle, en ce qu'elle réserve le 30° pour être conféré seul, ce qui est plus convenable d'après son importance, et que le beau gr.'. de Chev.'. du Soleil prépare mieux au K.'., que les deux qui ont été mis à sa suite.

sous le nom de F∴ Vérité, titre qui l'avertit de l'importance de son ministère.

Les 23ᵉ et 24ᵉ gr∴, l'un, *Chef*, et l'autre, *Prince du Tabernacle*, ont toujours rapport au pontificat moral, qui paraît avoir été l'idée dominante des instituteurs de la haute maç∴. Dans le premier, on célèbre la délivrance d'un peuple opprimé ; le second a des formes qui semblent n'être qu'un voile pour couvrir l'affranchissement des liens de la superstition. Les fidèles adorateurs sont étroitement unis dans un cercle. Ils sont invités à jouir des bienfaits de la nature, mais aussi à rechercher avec empressement la *nourriture spirituelle*, destinée à l'ame, et à en profiter. C'est recommander en termes formels la science au maç∴. des H∴ G∴, c'est lui rappeler que pour lui, plus que pour tout autre, l'homme ne vit pas seulement de pain, mais de la parole qui instruit et rend meilleur.

On a quelquefois considéré la *conscience* comme le tabernacle intime qui renferme la pensée humaine. Qui peut commander aux opinions ? respectons-les dans autrui, comme nous voulons qu'on respecte les nôtres, et cherchons à redresser sans colère, et par la persuasion, celles qui nous paraissent erronées.

Dans tel culte le tabernacle renferme le livre de la loi ; dans tel autre, l'image du soleil. Soumettons-nous à la loi, qui prévient les excès de l'absolutisme et de l'anarchie, et qui se perfectionne par le progrès des lumières : bienfaits de la *Législation*. Quant au soleil, voir ci-après, le 29ᵉ gr∴.

Le 25ᵉ, *Chev∴. du Serpent d'airain*, avertit de chercher l'herbe salutaire, ce qui rappelle l'herbe mythologique *Moly*, emblème de la sagesse. Des obstacles empêchent l'investigateur de gravir sur la hauteur où la plante se trouve ; mais avec le courage, qui est l'emblème du gr.·., il en triomphe. On voit clairement dans cette allégorie la constance vertueuse qui surmonte les passions. Ici l'on peut demander au récip.·. s'il croit qu'il y ait des passions assez fortes pour que l'homme ne puisse pas les vaincre.

Le voyageur veut encore délivrer ses compagnons captifs, et les guérir de leurs maladies. Il y a donc lieu de célébrer la *liberté civile*, la *Médecine*, qui vient en aide aux maux du corps, et surtout l'*Hygiène*, qui les prévient, et dont beaucoup de préceptes se confondent avec ceux de la morale ; la *Botanique*, une des principales branches de l'histoire naturelle, aussi utile qu'attrayante, et qui a été la base de la médecine la plus ancienne et la plus simple, à laquelle les sauvages eux-mêmes ne sont pas étrangers.

Dans le 26e gr.·., *Ecossais Trinitaire*, ou *Prince de Mercy*, le récip.·. est porté jusqu'au troisième ciel, c'est-à-dire, dans cette région supérieure à laquelle s'élèvent les hommes qui joignent à la noblesse des sentimens les lumières d'une raison cultivée. Dans cette sphère, ils sont au dessus des préjugés et des petitesses qui asservissent le vulgaire ignorant. Aussi blâme-t-on sévèrement dans le rituel du gr.·., et la bassesse qui s'élève en rampant comme le vil reptile, et l'ignorance volontaire, celle qui ne vit pour ainsi dire que d'instinct, et qui ne réfléchit, ni sur la dignité, ni sur la haute destination de l'homme, ni sur ses devoirs. Le mot *veritas* est placé dans un cercle radieux ; la statue de la vérité orne le temple ; le discours est censé extrait du livre de la vérité.

La seconde dénomination du gr.·. paraît être une allusion à l'ordre religieux des Trinitaires,

ou Frères de Mercy, qui faisaient des quêtes
pour le rachat des chrétiens réduits en captivité
par les pirates barbaresques : leçon de zèle charitable pour secourir nos frères dans le malheur.
Les cahiers, ainsi que ceux d'autres gr.·., van-
tent l'alchimie ; mais ils en font ici une allégorie
morale, en disant que la vraie pierre philosophale
est l'art d'être résigné dans le malheur, de jouir
sagement de la bonne fortune, et de réparer ses
fautes. N'oublions pas non plus que de l'alchimie, cet égarement insensé de la fausse science,
est née la belle science de la chimie, à laquelle
la société doit et devra les plus grands services.
On a des choses utiles à dire sur les élémens de
la *chimie*, ceux particulièrement qui se rappor-
tent à la santé et à d'importantes améliorations,
tels que la constitution de l'air, le gaz, l'emploi
de la vapeur, etc. Quelques mots sur l'*esclavage*,
sur les *corporations monastiques*, sur l'utilité pri-
mitive de quelques-unes, et sur leurs abus, peuvent encore présenter de l'intérêt.

Le 27ᵉ degré, G.·. *Commandeur du Temple*, est
interprété assez généralement comme ayant rapport à l'histoire des Templiers. Aussi l'auteur
d'un Cours volumineux, lequel adopte naïve-
ment la plupart des billevesées de la vieille
maç.·., ne trouvant pas de philos.·. dans ce gr.·.,
propose de le supprimer (p. 231). Il y en a cependant ; car on attribue aux Templiers la pensée
d'introduire dans le culte la doctrine des *Gnostiques* (éclairés), ou, en d'autres termes, d'allier
la philos.·. à la religion. Les templiers modernes
déclarent avoir le même but. Le gr.·. est donc
précieux. Il l'est encore, si, d'après un fait certain, nous le considérons sous un autre point de
vue.

D'abord, il rappelle agréablement à notre sou-

venir, l'Egypte, cette terre classique des initiations. Si l'on consulte l'historien Josephe, on
reconnaîtra qu'il s'agit ici du temple que des
Hébreux réfugiés en Egypte, y construisirent
dans le 2ᵉ siècle avant J.-C., avec la permission
du roi Ptolémée Philométor. En second lieu,
nous y trouvons un exemple éclatant de notre
vertu favorite, la *Tolérance*. Un prince étranger
au culte des Hébreux, leur permet d'élever un
temple dans ses états, dans ce même pays où
plusieurs siècles auparavant, les rois avaient
employé les moyens les plus odieux pour les
faire périr : sublime effet du progrès des lum.˙.,
de la communication des Egyptiens et de leurs
monarques avec les Grecs, de l'origine des rois
de la dynastie Ptoléméenne, dont le premier
avait été lieutenant d'Alexandre, ce conquérant
élevé par le philos.˙. Aristote, et qui, malgré ses
folies, avait souvent de grandes, de généreuses
pensées. C'est ainsi que les Protestans, dont les
pères ont été égorgés sous Charles IX, doivent
aux efforts constans de la philosophie l'avan-
tage d'une protection légale.

A ce gr.˙., qui passe presque inaperçu parmi
les douze deg.˙. philos.˙., se rattachent donc de
beaux souvenirs et de hauts enseignemens. Outre
l'antique Egypte et ses initiations, nous y voyons
le malheureux peuple juif, après avoir donné au
monde l'exemple du fanatisme persécuteur, puni
par la ruine de ses remparts et de son temple,
et par sa dispersion chez toutes les nations de la
terre ; puis la partie nombreuse de ce peuple,
qui s'était réfugiée en Egypte, consolée par la
philosophique bienveillance d'un roi tolérant.
Nous y voyons, avant et après la grande émi-
gration que produisit la destruction de Jérusalem
par les Romains, l'an 70, des sages s'élevant du

milieu de cette nation ignorante, et ennemie de tout ce qui n'était pas elle, se faisant instruire des mystères égyptiens, se répandant parmi les peuples orientaux, y recueillant des disciples de Zoroastre de précieuses lumières, créant les sociétés religieuses et philos.·. des Essémiens, des Thérapentes, et des chrétiens primitifs; conservant le feu sacré au milieu des horreurs du plus honteux despotisme, et des ténèbres de la plus épaisse barbarie; apportant ce feu sacré en Europe, et fondant directement ou indirectement une initiation nouvelle, qui se relie à l'ancienne, et d'où est sorti la maç.·. (Voir ci-après, l'origine présumée du gr.·. de K.·.)

Le 28e deg.·., *G.·. Ecossais de Saint-André d'Ecosse*, n'est guère, par son nom et par ses formes générales, qu'une répétition du 14e; mais on peut lui donner un caractère particulier, en profitant de quelques accessoires que présentent les rituels. Ils reconnaissent positivement que l'assassinat d'Hiram par trois compagnons, n'est pas un fait historique, qu'il est simplement une allégorie, qui figure les passions auxquelles Salomon s'abandonna, et qui lui firent perdre la sagesse : c'est avertir que la vérité doit être plus franche et plus explicite à mesure qu'on avance. Ils proclament le dogme sacré de l'égalité. Sous une apparence hermétique, ils invitent à l'*étude de la nature*, étude immense dont plusieurs parties ont déjà été recommandées, et dont les généralités peuvent être présentées de manière à fixer agréablement l'attention de tous. Cette belle science naturelle, depuis le perfectionnement des télescopes et des microscopes, a fortifié la croyance en une intelligence suprême. Qui pourrait la nier à la vue des merveilles depuis longtemps connues, et des nouvelles qu'on a découvertes dans deux mondes opposés, l'infiniment grand et l'infiniment petit?

La maç.·. honore toutes les sciences et tous les arts : aussi de graves auteurs ont assuré qu'elle a fourni l'idée de l'Encyclopédie. Le tableau du gr.·. représente par des symboles plus ou moins justes, la géométrie, la poésie, la musique, la peinture, la sculpture, l'architecture et la chimie. (Les cahiers appliquent à la géométrie le caducée, qui est généralement regardé comme l'emblème du commerce.) Célébrons le commerce, qui joint aux nombreux avantages qu'il procure aux nations, celui de les unir toutes par un lien pacifique; célébrons tous les arts précieux par leur utilité directe et positive, ou par les charmes qu'ils répandent sur la vie, ce qui est encore une utilité.

Saint André est le patron de l'Ecosse (p. 271), adopté par les maç.·. des H.·. G.·. écossais. Nous avons déjà dit p. 90, que souvent les noms anciens sont tirés de la situation des personnages. Par suite, beaucoup de noms de saints ne sont que des allégories. Or, que signifie le mot *André*, tiré du grec? Il a le même sens que le mot latin *vir*, un *homme*, dans le sens honorable que nous attachons à ce mot, lorsque nous disons à celui qui est nul, ou le faible jouet de funestes passions : *soyez un homme*. Les maç.·., et surtout ceux des H.·. G.·., doivent donc, pour représenter dans leurs personnes la dignité de la nature humaine, réunir les trois qualités qui la constituent : noblesse de caractère, bonté du cœur, instruction.

Enfin le 29ᵉ, *Chev.·. du Soleil*, ou *Prince Adepte*, est une digne préparation au dernier gr.·. scientifique. Il donne la solution du problème de la maç.·. sous le rapport physique, intellectuel et moral. Le soleil est en effet l'image sensible de la divinité ; il est, sous des formes et sous des noms qui varient à l'infini, le type et le héros de la plupart des cultes anciens et modernes : vérité de fait, qu'il appartient à la maç∴ de répandre, parce qu'en brisant le sceptre de l'intolérance et du fanatisme, elle délivrera le genre humain de bien des fléaux, et conservera la religion dans toute sa pureté, dans sa divine et fraternelle universalité. Le soleil est encore l'emblème de la chaleur de l'ame et de la lumière de l'esprit, deux qualités essentielles, avec lesquelles la maç∴ doit faire dans l'ordre moral le même bien que fait le soleil dans l'ordre physique. L'homme en effet n'est-il pas arrivé à la perfection, lorsque, à un cœur ardent pour le bien, il réunit un esprit éclairé pour le bien faire.

La seconde dénomination, *Prince Adepte*, est un reste de cet esprit d'hermétisme qui a long-temps dominé dans les H∴ G∴. On appelait *Adepte* celui qui s'occupait de l'art de transformer les métaux en or, et de la recherche d'un remède universel. Les enthousiastes pensaient que cette double découverte ne pouvait être qu'un don du ciel (il a été sourd à leurs prières). Acceptons le titre d'Adepte, en l'appliquant au disciple fidèle et dévoué de la maç∴ dans ses belles théories et dans la pratique.

On a pu remarquer que tous ces gr∴ offrent avec ceux qui les précèdent, un système complet de perfection morale. Il n'y a pas une seule affection généreuse, une seule qualité utile, une seule vertu qui y soit omise; ou du moins, si elles ne sont pas toutes nommées, il n'en est pas une dont ils ne contiennent le germe et le principe.

Le domaine des sciences signalées à l'attention des maç∴ n'est pas moins riche, moins étendu. En les invitant à en faire l'objet de leurs trav∴, nous n'avançons pas une proposition nouvelle. C'est un fait bien connu, que le but principal, et presque unique, de l'initiation ancienne, était la connaissance de tout ce qui est dans la nature, et intéresse la civilisation. Nous avons prouvé par les textes de vieux et de nouveaux cahiers de l'init.·. moderne, que celle-ci a le même but, sauf qu'elle interdit les controverses sur des questions d'*actualité*, gouvernementales et religieuses, ce qui est loin d'exclure l'examen des projets philantropiques, qui tendent *pacifiquement* à l'amélioration de la société entière, ou de plusieurs des classes dont elle se compose. Il est donc indispensable que les maç.·. soient instruits. Ceux qui le sont avant d'être admis dans nos temples, ont à y remplir un beau rôle, celui de communiquer leur savoir, rôle qui leur est utile à eux-mêmes; car ils régularisent, affermissent et augmentent leurs connaissances par les recherches et les travaux auxquels ils se livrent pour s'acquitter dignement de ce noble professorat. Mais à côté de ces précieux maç.·. en trop petit nombre, il en est beaucoup que leur famille a été obligée d'enlever promptement aux premières écoles pour leur faire commencer l'apprentissage d'un état, et qui une fois lancés dans cette carrière, lui ont consacré tout leur temps, toute leur attention. Ils ont été récompensés de leur labeur, souvent pénible, par la position honorable qu'ils se sont créée. En exerçant leurs facultés, ils ont acquis de l'intelligence, de la constance, de la force d'ame; par leur expérience des difficultés de la vie, ils ont appris à compatir aux maux de leurs semblables; témoins des grands résultats de la science, ils l'estiment, ils l'honorent. Embrassant la maç.·. avec ardeur, ils en observent les préceptes avec conscience. Ce sont de bons maçons : pour être des maç.·. parfaits, il ne leur faut qu'un complément d'instruction. Ils doivent le trouver dans la maç.·. Faire ou achever l'éducation des classes laborieuses, est un de ses premiers devoirs, et en même temps un des plus grands bienfaits par lesquels elle puisse prouver son utilité. (Voir ci-après, le résumé sur la *science du maç.·.*)

CHAPITRE XIV.

CHEVALIER G.·. ÉLU KADOSCH, ou CHEV.·. DE L'AIGLE BLANC & NOIR.

Ce gr.·., qui a pour épigraphe *nec plus ultrd*, rien au delà, et une autre assez vague, *Deus*

meumque jus, Dieu et mon droit, devrait être le
dernier du rit. Il l'est en effet quant à la doctrine; il l'est aussi pour les atel.·. constitués, les
corps constituans se réservant la collation des
32· et 33·, directement ou par délégation, et le
31·, qui a une attribution purement nominale
par le fait, celle de juger comme tribunal, n'é-
tant jamais conféré au G.·. O.·. que par la plus
simple communication. Il existe en outre des
systèmes de gr.·. où le K.·. est le 33·, et au titre
duquel est ajouté celui d'Inspecteur général. On
y dit que le K.·. est le dernier période de la
maç.·., et renferme tous les gr.·. quelconques.
En effet il ne présente pas de doctrine nouvelle ;
mais il résume, en insistant sur le devoir de
combattre la superstition, les enseignemens moraux et philos.·. des deg.·. antérieurs, de sorte
qu'il peut servir de complément à tous les rites
qui ont plus ou moins étendu la science maç.·.,
comme il convient à un temps de progrès, p.
230.

Le mot *Kadosh* est interprété comme signifiant
séparé, dans le sens de distingué des autres par la
sainteté de la vie. Vient-il de Rabbi Judah, surnommé *Accadoth* ou *Haccadoch* (le père saint),
rabbin célèbre dans le 2· siècle, et qui rassembla
les lois civiles, cérémonies religieuses, constitu-
tions, arrêts, sentences et traditions des magis-
trats et des docteurs juifs, dans un livre intitulé
Misne, dont le Talmud est le commentaire?
D'autres donnent à ce gr.·. de la H.·. maç.·. une
origine un peu plus ancienne. Ils disent qu'après
le sac de Jérusalem, des initiés hébreux s'étant
retirés en Egypte et ailleurs, formèrent des éta-
blissemens dans des parties désertes, se nommè-
ernt un G.·.-Maître, que la sainteté de leur vie
leur mérita le nom de K.·., et que plusieurs,

frappés de la doctrine de l'Evangile, embras-
sèrent le christianisme, et s'adjoignirent d'autres
chrétiens. De là serait venu dans la maç∴ le
mélange du Judaïsme et du Christianisme.

Que cette hypothèse soit fondée ou non, l'important est de se faire une idée juste sur ce qu'on
doit entendre par un *homme saint*. Ce n'est pas
le pieux fainéant que la superstition révère :
c'est, d'après le sens qu'on attachait à ce mot
dans l'ancienne Rome, l'homme pur, intégre,
utile, prenant pour règle infaillible de sa conduite les lois naturelles, qu'il regarde comme
émanées de Dieu. Elles sont en effet tellement
appropriées à notre constitution, à nos besoins,
à l'état où nous sommes dans le monde, notre
bonheur réel et durable dépend tellement de
leur observation, leur violation entraîne de tels
désordres, qu'elles ont nécessairement pour auteur celui qui nous a donné l'être. Telle est la
sanction de ces lois (d'où est venu *sanctus*, saint)
et une sanction puissante, dont l'homme qui
s'en est bien pénétré, tire une force invincible
pour l'accomplissement de ses devoirs. C'était
la grande pensée de Socrate : être juste et bon,
servir la patrie, obéir à ses lois, lors même
qu'elles nous nuisent, parce que l'association
est aussi dans la nature de l'homme, jouir des
biens de la vie sans en abuser, supporter ses
maux, le tout pour suivre les lois de l'ordre
moral, et par conséquent, du souverain législateur, voilà en quoi consistait la sainteté du plus
vrai de tous les philosophes ; voilà pourquoi le
savant et judicieux Erasme était souvent tenté
de s'écrier : saint Socrate, priez pour nous.

Le nom du gr∴, la place qu'il occupe dans le
rit, sa marche et ses enseignemens, l'indiquent
comme étant la récapitulation du système entier,

sous le quadruple rapport, moral, religieux,
philosophique et scientifique. Il est bien entendu
que nous parlons du K.∴ dit philosophique, le
seul admissible, le seul convenable au caractère
d'universalité et à l'esprit actuel de la maç.∴. En
effet, suivant les temps, et suivant les partis ou
sectes qui, sous le voile de cette institution res-
pectée, ont cherché à répandre des principes
plus ou moins erronés, ou même condamnables,
on compte plusieurs espèces de K.∴, entre autres, ceux de Cromwel, des Templiers, des Jé-
suites ; on en trouve d'hermétiques, et quelques-
uns d'une mysticité excessive, soit juifs, soit
chrétiens. Il en est qui avec le même fond, offrent des variantes : ainsi, tel rituel du K.∴ tem-
plier ne respire que vengeance contre ceux qui
les ont détruits, et contre l'ordre de Malte, qui
a eu une partie de leurs dépouilles ; tel autre,
malgré ses dispositions favorables à leur égard,
dit dans son catéchisme (nous copions le texte),
que Dieu lui-même permit leur ruine pour les
punir de ce que les trésors immenses qu'ils
avaient amassés, et leur puissance, qui les faisait
aller de pair avec les têtes couronnées, les ayant
éloignés de l'observance de leur règle, qui leur
prescrivait l'humilité et la pauvreté, ils se con-
tentèrent de faire distribuer chaque jour à leurs
portes, des aumônes aux mendians qui se pré-
sentaient, sans s'embarrasser des pauvres honteux, dont ils n'étaient cependant que les éco-
nomes.

Quant au second titre, celui de *Chevalier de
l'aigle blanc et noir* (distinction bizarre de couleurs qui n'est pas dans la nature de cet oiseau,
et qu'on ne fait jamais dans la représentation de
son image), on peut y voir la dualité dont ce
monde se compose, le bien et le mal, la lumière

et les ténèbres, au physique et au moral. On sait ce que signifie l'aigle pour les maç.·. (p. 274 et 277). Les deux têtes sont l'emblème de la maç.·., qui s'étend sur les deux hémisphères, et doit en réunir tous les habitans sous le drapeau fraternel. Pour les systèmes qui ont rêvé ou rêvent encore la théocratie, elles figurent la double puissance du glaive et de l'encensoir, nécessaire peut-être aux peuples enfans, mais dont ils s'empressent de se délivrer dès qu'ils ont grandi, comme de l'instrument d'un intolérable despotisme, qui dictant au nom de Dieu toutes ses prescriptions, même les plus indifférentes, en punit la violation comme des outrages à la divinité.

La réception est simple, imposante, toute en instructions, et marche assez rapidement pour qu'on puisse conférer dans la même séance les deux séries précédentes, avec quelques détails sur chaque grade. Nous avons vu perdre beaucoup de temps en allées et venues, en cérém.·. inutiles, propres même à distraire l'attention de la partie la plus importante, la doctrine. Qu'il nous soit donc permis de soumettre une légère esquisse de cette réception à la sagesse des présidens. A Paris, elle se fait dans un grand temple, dont l'extrémité inférieure est partagée en deux pièces, formées par des tentures, et séparées par un couloir. Elles servent, l'une pour l'aréopage, et l'autre pour le temple de la sagesse. Il en résulte que la plupart des membres restent dans le sénat, pouvant entendre ce qui se dit dans les deux autres appartemens, et que les entrées et les sorties de ceux qui se rendent dans ces derniers, se font avec célérité. Les trav.·. s'ouvrent dans le sénat. Les préliminaires étant achevés, le président invite les trois grands juges, qui sont les deux surv.·., et un chevalier nommé d'office, à se réunir avec quelques frères de l'aréopage, et le G.·. sacrificateur à prendre son poste dans le temple de la sagesse. Le récip.·. est présenté à l'aréop·. ; on le laisse en dedans, debout près de la porte, sans lui permettre d'avancer, et chacun des juges lit alternativement d'une voix forte et solennelle, une des neuf sentences, en ménageant un petit repos après chacune, et plus encore de trois en trois. Ces sentences, bien prononcées par des voix différentes, sont d'un très bon effet. Après la neuvième, l'introducteur demande si le chev.·. du soleil peut s'avancer. Réponse négative et motivée du premier G.·. juge, qui donne l'ordre de le conduire au temple de la sagesse. L'encens brûle, le sacrificateur fait une invocation, et renvoie le candidat à l'aréopage. Courte allocution du premier juge; l'aréop.·. s'étant prononcé pour l'admission, le récip.·. est conduit dans la ch.·. de préparation, en attendant que tous les chev.·. soient réunis dans le sénat. Alors le G.·. M.·. donne l'ordre de le présenter. Quelques mots, et questions du Présid.·. au candidat, s'il ne lui en a pas donné d'avance à résoudre par écrit dans la ch.·. de prépar.·., ce qui vaut mieux. Discussion de ses réponses; explication de l'échelle mystérieuse, et de chacun de ses degrés, sans prononcer les mots inscrits, empruntés la plupart à des langues perdues, et dont l'étrangeté choque des oreilles françaises. Obligation, consécration, etc.

On pourrait objecter que les moralités exposées dans l'aréop.·., et celles qui sont inscrites sur un des montans de l'échelle, ne sont pas nouvelles pour un maçon avancé. Mais d'abord on ne saurait trop les répéter (p. 286), puisqu'elles sont la base de la philos.˙. morale et religieuse. Elles peuvent d'ailleurs servir de texte pour rappeler brièvement les points principaux de la doctrine morale, comme il convient pour un gr.˙. qui la résume tout entière, doctrine dont le maç.˙. parvenu au sanctuaire le plus intime, doit être le modèle vivant.

Il en est de même des sept sciences inscrites sur l'autre montant. Cette classification est du moyen âge. L'Université n'offrait alors à ses adeptes que ce qu'elle appelait les trésors du *Trivium*, comprenant les trois premières, et ceux du *Quadrivium*, les quatre dernières. Mais combien ce cercle peut s'étendre par une interprétation judicieuse, d'autant plus que d'autres sciences ont été positivement indiquées dans les gr.˙. antérieurs, et que toutes l'ont même été implicitement. A quel genre de connaissances, à quelle vertu peut rester étranger celui qui s'est formé à l'art de s'exprimer avec convenance et clarté; — de parler avec l'éloquence du cœur, de tout ce qui élève l'ame et éclaire l'esprit; — de discerner le vrai du faux, de mettre de la justesse dans ses raisonnemens et dans ses jugemens; — dans ses mesures et dans ses calculs de tout genre; — de la rectitude et de l'exactitude dans ses conceptions et dans ses opérations; — celui qui réfléchit sur toutes les harmonies de la nature, de la société, de la famille et de ses propres facultés; — celui enfin qui porte son vol dans les cieux pour admirer la puissance du géomètre suprême, et apprendre à être aussi fidèle à l'ordre moral que les mondes qui roulent dans l'espace, le sont à l'ordre physique? On voit à quels beaux développemens se prête la mention des sept sciences. Le Chev.˙. K.˙. a donc un vaste champ de connaissances à cultiver, autant pour sa satisfaction personnelle et son perfectionnement, qu'afin de pouvoir remplir sa mission, qui est de répandre la lum.·. dans le monde et parmi ses frères. Mais, pour donner de l'autorité à ses paroles, pour honorer la maç.·. en tout et partout, avec quels efforts et quelle persévérance ne doit-il pas s'affermir et s'avancer dans la carrière de toutes les vertus! Combien il doit échauffer son cœur de l'amour du beau, de l'honnête, de l'humanité, et du sentiment de la fraternité! Son gr.·. ne lui impose-t-il pas le devoir d'être le *nec plus ultrà* de la perfection humaine? Cette perfection, c'est la *vertu et la science*, noble et sainte devise de la maç.·.

Nous avons à compléter cette instruction sur le chev.·. K.·., par un sujet qui est une partie essentielle, et en même temps la plus délicate de ses attributions.

De la superstition.

Dans ce gr.·., on ouvre et l'on ferme les trav.·. par l'engagement de combattre le fanatisme et la superstition : il serait mieux de dire la superst.·. et le fanatisme ; car l'une est la mère, et l'autre, le fils. On pourrait même se contenter de nommer la superst.·., qui peut exister sans fanatisme, tandis que le fanat.·. religieux, le fanatisme de bonne foi, est nécessairement greffé sur la superstition. La seule différence qu'il y ait entre ces deux fléaux, c'est que la superst.·. est une fièvre lente, qui consume le malade, et que le fanat.·. est une fièvre aiguë, qui, dans les cerveaux exaltés, prend un caractère de violence, porté quelquefois jusqu'à la rage, et qui pousse le malade à tous les excès de la haine et de la fureur, au meurtre, aux barbaries les plus atroces et les plus raffinées. Si l'on parvient à guérir le superstitieux, on l'empêche par là même de tomber dans le fanatisme. C'est donc à la superst.·., comme à la cause du mal, que nous devons principalement nous attacher.

Mais cet engagement de combattre la superst.·. n'est-il pas en contradiction avec la loi de la maç.·.? Il ne l'est pas du moins avec le H.·. écoss.·., puisqu'il se trouve textuellement dans ses cahiers, et qu'un usage traditionnel l'a consacré même dans les Conseils qui se servent de rituels modifiés. Nous avons eu plus d'une occasion de remarquer que dans ces gr.·., la vérité a un langage plus positif et plus explicite, qui n'exclut pas la prudence. Si l'on veut bien se reporter à la note E, p. 284, on y verra comment les chev.·. K.·. peuvent remplir l'obligation que le gr.·. leur impose, sans violer les statuts. En sondant la plaie des superst.·. anciennes ou lointaines, ils mineront sans débats et sans trouble, celles qui peuvent exister autour d'eux ; car elles se ressemblent toutes. C'est une maladie qui a, suivant les lieux et les temps, quelques formes différentes, mais dont les principes et le fond sont les mêmes; et les remèdes appliqués à une des espèces, agissent efficacement sur les autres.

Qu'est-ce que la superstition? C'est par l'étymologie d'un mot que l'on en connaît mieux le sens. Or superstition vient de *super stat*, ce qui est superposé. Tout ce qui est au delà de la religion, est donc superstition : cela est évident, et le mot a aujourd'hui la même signification qu'il avait lorsqu'on l'a inventé, à la différence du mot *fanatique*, qui, dans l'origine, ne désignait que l'homme attaché au service d'un temple. Pour être sûr que telle opinion ou telle pratique est en dehors du cercle religieux, il faut avoir

une idée juste et bien nette de ce qui constitue
la religion. Elle consiste à adorer Dieu en esprit
et en vérité, et à aimer le prochain comme soi-
même. (Remarquez ces mots *en esprit*, c'est-à-
dire par la pensée, par la reconnaissance du
cœur.) Qui a dit cela? Ce n'est pas nous, c'est
une autorité bien imposante pour une grande
partie des habitans de la terre, l'Evangile, et il
ajoute : *voilà toute la loi.* Quant aux nations non
chrétiennes, leurs législateurs leur ont donné le
même précepte, si non comme unique, du moins
comme base de leur doctrine. On a pu faire
quelques objections sur ce livre, considéré philo-
sophiquement, p. 273; mais il faut le juger
d'après l'ensemble de sa doctrine, et d'après sa
forme essentiellement populaire. Il est d'ailleurs
tellement répandu (et probablement il finira
par l'être sur tout le globe, par suite de l'influence des Européens et des Américains sur
les autres parties du monde), que les vrais philosophes doivent aider à le propager, et *à le faire
bien comprendre.* C'est en effet l'arme la plus
pacifique et la plus sûre qu'on puisse opposer
aux croyances et aux pratiques superstitieuses,
surtout lorsqu'on s'adresse à des chrétiens ,
puisqu'il est pour eux tous, de quelque secte
qu'ils soient, le livre le plus révéré.

De cette belle simplicité du principe religieux,
il ne résulte pas qu'il faille s'en tenir à la pure
théorie. Celle-ci doit être vivifiée et mise en
action, p. 263, par des institutions qui en déduisent les nombreuses conséquences pratiques,
qui en pénètrent tous les cœurs, en frappent les
esprits de toutes les trempes, c'est-à-dire, qu'il
faut un culte, pourvu que tout ce qui le constitue, croyances secondaires, prédications, cérémonies, direction, soit en harmonie parfaite

avec le principe. Ce qui ne contribue pas à le fortifier dans les ames, à plus forte raison, ce qui tend à l'affaiblir, est de la superstition. Observez que l'Evangile ne désigne Dieu que sous le nom de *Père Celeste*. C'est donc aussi de la superstition, du fétichisme, que de le représenter sous une figure corporelle, de lui supposer les caprices, l'esprit de vengeance, la colère, l'amour des riches et précieuses offrandes, la partialité, et autres passions de la faible humanité. Le Dieu *qui règne dans les cieux*, c'est-à-dire, sur des milliards de mondes, le père de leurs innombrables habitans, l'être infini, incompréhensible pour nous, mais se manifestant par ses œuvres, est nécessairement immatériel, parfait, toujours juste et toujours bon.

Examinez maintenant les cultes divers, en prenant pour règle de votre jugement la double définition, bien simple et bien claire, de la religion et de la superstition : vous distinguerez facilement l'une de l'autre. Cette étude offre un grand nombre de faits curieux. Si elle inspire de la pitié pour les folies humaines, et de la douleur pour les maux qui en ont été la suite, on éprouve quelque consolation en reconnaissant combien la morale est propre à réunir les membres de la grande famille, tandis que le dogme les divise. Tous les cultes qui ont jeté quelque éclat, présentent de très bons préceptes pour la conduite de la vie. Ces préceptes devaient faire des hommes sensés, aimans, pacifiques. De subtiles et mystiques rêveries les ont rendus stupides, haineux, persécuteurs.

Indépendamment du fétichisme, auquel nous avons vu que l'ignorance a été insensiblement conduite par des usages louables et utiles dans leur principe, et par l'imagination des peintres,

des sculpteurs et des poëtes, une source féconde
de superstitions a été la prétention d'expliquer
ce qu'il n'est pas donné à l'homme de connaître,
savoir, l'origine du monde (*cosmogonie*) ; la nature
du premier être, auquel cette même imagination,
que Montaigne appelle *la folle du logis*, a substitué
ou ajouté des dieux sans nombre *(théogonie)* ; la
manière dont les bons sont récompensés, et les
méchans punis après la mort ; l'origine du bien
et du mal, attribués à des causes surnaturelles,
parce qu'on ne comprenait ni les lois de l'ordre
physique, ni celles de l'ordre moral ; l'avenir,
qu'on a prétendu lire dans les astres, dans les
entrailles des victimes, dans les linéamens de
la main, dans le vol des oiseaux, dans la combi-
naison des lettres, des cartes, dans une foule de
petits événemens fortuits.

On a cru que Dieu change les lois éternelles
de la nature pour les intérêts d'un homme, d'une
secte, d'une peuplade ; qu'il lui faut des ministres
pour l'aider à gouverner le monde, des média-
teurs pour lui porter nos prières, des offrandes,
et même le sang des animaux et des hommes
pour l'apaiser ; que les serviteurs qu'il chérit le
plus, sont ceux qui se déchirent le corps, se
consacrent à l'oisiveté, s'exténuent par des pri-
vations contre nature, et se suicident lentement ;
que l'on peut se purifier de ses fautes, et même
de ses crimes, par des ablutions, par des cérémonies et par de l'argent. Ainsi ont été perverties
chez tous les peuples les plus simples notions du
bon sens et de la morale.

L'antique et vaste contrée de l'Asie, et particulièrement les Indes, ont été le berceau des
superstitions qui se sont répandues sur le reste
du globe sous des noms et des formes diverses.
Dans une partie de l'Inde, les Brahmes recon

naissaient un premier principe, qui fit naître
d'une fleur Brahma, chargé de la création du
monde, et lui adjoignit Wishnou pour le conserver, et Siva pour le détruire : c'est la trinité
indienne. Les Birmans ont à peu près les mêmes
idées, comme sectateurs, non de Brahma, mais
de Budha, dont le culte est une modification du
premier, et qui est regardé par toutes les sectes
de l'Inde comme la neuvième incarnation de
Wishnou. A Siam, c'est un luxe de miracles sur
la naissance, la vie et la mort de Sammonoco-
dom : sa mère le conçut des rayons du soleil,
et par conséquent ne cessa pas d'être vierge.
Privée de lait, elle le déposa sur un bouton de
fleur, qui s'ouvrit pour le recevoir, se referma
sur lui, et le nourrit.

En Chine, on croyait que cinq esprits gouver-
naient le monde. Le très ancien empereur Fohi
(qu'il ne faut pas confondre avec le dieu Fo ou
Foé, et non Fohi, comme on l'a imprimé par
erreur, p. 285), passe pour avoir réglé le culte.
On ne l'a pas divinisé, mais on a dit que sa mère
devint enceinte de lui par l'arc-en-ciel. Un temple fut élevé au Tien, ou Chang-Ti, le premier
des génies. Avec le temps, des sectes nombreuses
s'établirent, entre autres, celle de Laokium, que
sa mère, restée vierge, porta 81 ans dans son sein,
d'où il sortit par le côté gauche, et qui surchargea
l'ancienne philosophie morale d'idées métaphysiques sur Dieu et sur les esprits, et celle de Foé
(sa naissance merveilleuse, p. 285), qui se pro-
pagea dans l'empire, et avec elle, toutes sortes
de superstitions. Confucius, né 451 ans avant
J∴ C∴, rappela la doctrine simple des premiers
souverains de la Chine, ce qui n'a pas empêché
la crédulité d'entourer son berceau de merveilles.
Il professa une morale pure, réduisant la religion

à ces mots : *adorez Dieu, et soyez justes*. C'est celle des *Lettrés*, dont se composent les classes supérieures, tandis que le vulgaire est livré aux plus grossières idolâtries.

Chez les Japonais, le monde est sorti d'un œuf, qu'un taureau ouvrit d'un coup de corne. Ils rendent un culte aux Camis, esprits célestes, qu'ils disent avoir été leurs premiers souverains. Le culte de Budha, qu'on appelle au Japon Xéquia ou Siaca, s'y est introduit, ainsi que d'autres sectes. La doctrine de Confucius est adoptée par la saine partie de la nation. Parmi le peuple, on trouve beaucoup de fables, les sortiléges, les épreuves du feu, des espèces de moines appelés Bonzes, comme ailleurs, des Talapoins, des Lamas, des Derviches, des Gymnosophistes, des idoles sans nombre, au point que dans un temple près de Méaco, il y en a 33,333. On voit que les Japonais aussi aiment le nombre ternaire. Au milieu de ces extravagances, toutes les sectes s'accordent là comme ailleurs, sur les principes de la morale, qui sont ceux de la loi naturelle, réduits en préceptes positifs. Mais ce peuple, fier et violent, est très porté au suicide.

Les Thibétins ont un dieu un et triple, des chapelets, des saints, un tabernacle dans leurs temples, où Urghien, Dieu et homme, né d'une fleur, réside, quoiqu'il soit aussi dans le ciel. Là est un Grand Pontife, illustre et malheureux prisonnier, qui ne peut toucher la terre, indigne d'être foulée par ses pieds sacrés, et qu'on porte s'il veut respirer l'air de ses jardins, visible pour quelques prêtres seulement, afin que le peuple le croie immortel.

Le Sabéisme, consacré à l'adoration du soleil et de la lune, comme pères de la nature, aux planètes et aux étoiles, comme divinités secondaires, fut suivi en Chaldée, en Lybie, en Numidie, en Scythie, et dans plusieurs contrées de l'Amérique. Les Mages de la Perse le mêlèrent au culte du feu. L'adoration du soleil est du fétichisme, mais le plus excusable de tous chez des peuples trop grossiers pour s'élever de l'effet à la cause. Sans lui attribuer la divinité, la plupart des cultes ont emprunté leurs mystères aux vicissitudes que produisent dans leurs situations diverses par rapport à nous, le soleil, la lune, les planètes et les autres astres. Mais ces mystères non expliqués ont fait naître une foule de superstitions insensées. Le culte du feu a été une conséquence de celui qu'on rendit au soleil. Chez les uns, le feu a été révéré seulement comme un emblème, que la raison pouvait approuver; chez les autres, il donna lieu à des superstitions absurdes et barbares. Les mages voyaient en lui le symbole du souverain être. Mithras, après sa mort, avait obtenu de Dieu l'empire du soleil, qui était le séjour des bienheureux, mais auquel ils n'arrivaient qu'en passant par sept portes, voyage qui durait plusieurs millions d'années. Lutte perpétuelle entre Oromaze, génie du bien, et Arimane, génie du mal et des ténèbres.

La mythologie indienne est passée, avec des variantes, chez les égyptiens, grands fabricateurs de dieux; de l'Egypte, chez les Grecs, dont l'imagination poétique et féconde l'embellit et l'amplifia; chez les Phéniciens, et autres peuples de l'Asie occidentale; de la Grèce, chez les Etrusques et les Romains. Le culte druidique chez les Celtes, d'abord simple, devint atroce; celui d'Odin, chez les Scandinaves, leur inspirait la soif des combats; leur dieu de la guerre était

représenté par une lance. On trouve partout,
dans le nouveau comme dans l'ancien continent,
le Fétichisme, plus ou moins grossier, plus ou
moins déguisé, suivant le degré de civilisation
des peuples, la foi aux oracles, aux sibylles, aux
sorciers, à la vertu des talismans, aux enchan-
temens, aux évocations des morts : ample ma-
tière pour des détails dont plusieurs sont très
piquans.

Le Judaïsme et le Mahométisme demandent
un examen sérieux, et doivent être jugés d'après
les temps, les lieux, et les mœurs des peuples
pour lesquels ils ont été institués. Ils sont tous
les deux simples par eux-mêmes, enseignent l'u-
nité de Dieu, ce qui était un grand progrès,
surtout du temps de Moïse, et se prononcent
sévèrement contre toute idolâtrie. Lui et Maho-
met ont eu recours, comme la plupart des législateurs religieux, à des moyens surnaturels, pour
rendre leurs disciples plus dociles à leurs lois.
Les Hébreux étaient très portés à l'idolâtrie : ce
fut sans doute pour les en garantir, que Moïse
leur inspira une haine fanatique, et qui leur fut
fatale, contre les nations étrangères. Ce peuple,
longtemps ignorant et grossier, fut plus fidèle à
des pratiques extérieures, qui ont pu être bonnes
suivant les temps et les climats, qu'aux préceptes
de la morale. Le Christ est venu, comme il le
dit lui-même, non pour abolir la loi de Moïse,
mais pour l'accomplir, et pour la purger des
superstitions qui s'y étaient introduites. A mesure
que les juifs se sont éclairés, il s'est élevé parmi
eux des sectes qui ont expliqué par l'allégorie
les choses extraordinaires que renferme leur
code religieux, et d'autres, qui par une doctrine
plus pure et plus spiritualiste, ont préparé la
voie au Christianisme.

15.

Le Mahométisme, mélange de Judaïsme, de Christianisme, et du culte pratiqué en Arabie à l'époque où il prit naissance, est gâté par des contes absurdes, par la tendance aux plaisirs sensuels, qu'il favorise même dans l'autre monde, tendance au reste qui est dans les mœurs orientales, et par des dogmes contraires au perfectionnement de l'esprit humain, tels que celui du fatalisme, p. 303, qui a bien le mérite de porter à la résignation aux maux survenus, mais qui rend insouciant pour les prévenir ou en chercher le remède. Il peut inspirer de la bravoure au soldat qui n'est pas animé par l'amour de la patrie ou de la gloire : sous ce point de vue, il convenait à un législateur avide de conquêtes.

Les rêveries de la superstition n'exciteraient qu'un sourire de pitié, si elles étaient restées à l'état de simples et pacifiques théories, que chacun serait libre d'adopter ou de rejeter. Mais elle a poussé l'homme au crime et à la barbarie, en accréditant les deux monstrueuses opinions qu'il faut *forcer de croire*, même par les supplices, et que la *colère divine* est fléchie par du sang. C'est une longue et douloureuse histoire que celle des sacrifices humains : il n'y a guère de contrées qui n'en aient été souillées. Sous l'étendard même de l'Evangile, ce code de tolérance, de douceur et de charité envers tous, même envers les pécheurs, pourvu qu'ils soient repentans, les guerres dites *religieuses* par un fatal contresens, les persécutions de tous genres, les massacres, les cachots et les bûchers de l'Inquisition, le tout pour des subtilités mystérieuses, ne sont-ils pas réellement des sacrifices humains offerts à la divinité ?

A la suite des superstitions anciennes est venu le Christianisme, pour délivrer l'espèce humaine

des oracles imposteurs, des sacrifices sanglans,
des croyances, ou absurdes, ou devenues telles
par une fausse application des allégories primi-
tives, des doctrines relâchées, quelquefois infâ-
mes, du scandale de divinités auxquelles un
honnête homme aurait rougi de ressembler. La
morale est une : il n'a pu que répéter ce qu'il y
avait de plus pur dans les anciens préceptes
relig.·. et philos.·.; mais il les a présentés dans
l'Evangile, p. 273 et 301, sous une forme nouvelle, plus frappante et plus populaire, soit par
l'expression, soit par ses paraboles; il leur a
donné la sanction divine, sanction vraie, parce
que tout ce qui est bon vient de Dieu. En éta-
blissant sur une large base le principe de la fraternité humaine, il a préparé à la philos.·. une
arme puissante contre l'esclavage; en procla-
mant l'égalité des hommes devant Dieu, il a
posé les fondemens de l'égalité devant la loi et
de la liberté civile. Il a consacré la prédomi-
nance de l'esprit, qui est l'homme, sur le corps,
qui n'en est que l'enveloppe. Il offre des conso-
lations et des compensations aux faibles, aux
petits, aux victimes du malheur, à l'innocence
opprimée. La douceur ordinaire de son langage
se change en paroles fulminantes contre les riches sans entrailles, contre les hypocrites, contre
la fausse piété, qui s'attache aux pratiques extérieures, et néglige les véritables devoirs. Il pro-
clame comme essentiellement religieux le schis-
matique charitable, et comme impie, le prêtre
orthodoxe qui passe devant un blessé sans le secourir. De grands abus s'y sont introduits, des
sectes nombreuses l'ont déchiré, dont les unes
se sont plus ou moins écartées de son esprit, et
les autres ont tendu à s'en rapprocher. On re-
commence enfin à le comprendre, tel qu'il était

primitivement. On ne veut plus de querelles
théologiques; on ne s'occupe plus, ni de la métaphysique mystérieuse, ni des faits extraordinaires que les cultes présentent; on laisse également en paix ceux qui y croient et ceux qui
n'y croient pas, parce qu'on sait que la religion
n'est pas dans tels ou tels dogmes, qu'elle est
tout entière dans l'observation constante des lois
naturelles, dont les cultes ne doivent être que
l'écho, pour leur donner plus de force par la
sanction religieuse.

Tel a été sur l'essence de la religion, le sentiment des hommes éclairés de tous les pays et de
tous les temps. (Note *b*, p. 154, sur l'idolâtrie et
sur la double doctrine : Le Jupiter que Cicéron
invoquait sous le nom de Dieu très bon et très
grand, celui dont Horace disait en beaux vers,
que tout vient de lui, qu'il règle le ciel, la terre,
les mers, l'espèce humaine et les temps, qu'il
n'a rien conçu de plus grand que lui-même,
n'était pas assurément le Jupiter dont les aventures excitaient le gros rire de la multitude,
celui qui prenait la figure d'un mari pour en sé-
duire la femme, ou la forme d'un taureau pour
enlever une jeune fille.) L'anc.·. initiat.·. est
sortie de la nécessité de conserver et d'étendre,
par la réunion d'hommes capables et forts, les
sciences, et des vérités contre lesquelles le vulgaire se serait mis en révolte. Là on est remonté
à l'origine des mystères religieux; on a essayé
de retrouver leur sens primitif; on a interprété
ceux qui étaient explicables par l'allégorie, et l'on
a reconnu dans presque tous des allusions aux
phénomènes de la nature, à la vie humaine, aux
différens attributs du premier être. On n'a pas
cherché de sens à ceux qui n'en avaient pas.
Un grand nombre en effet ne sont que des

contes populaires, répétés dans les veillées, ou
des jeux de l'imagination des poëtes, lesquels,
sans autre but que de donner carrière à leur
esprit inventif, ont créé ou brodé les aventures
des rois, et des hommes célèbres, dont on a fait
des dieux, et ont composé des fictions de toute
espèce. Peu à peu les lumières entretenues dans
les temples des initiés, en ont franchi les murs ;
les philos.·. qui les y avaient reçues, se sont plus
ou moins empressés, suivant les circonstances.
de les communiquer à leurs disciples : elles ont
fini par briller avec éclat chez les nations qui
jouissent d'une civilisation avancée. C'est ainsi
que le mal a été atténué, p. 271, et qu'avec le
temps, il disparaîtra tout-à-fait. Il ne faut que
quelques principes simples pour faire comprendre, même à l'ignorant, la différence qu'il
y a entre la religion et la superstition.

L'Eglise catholique elle-même regarde comme
de bons chrétiens tous les justes qui ayant vécu
avant le Christianisme, n'ont pu être initiés à ses
dogmes. On s'en convaincra par la première
strophe d'un hymne qu'elle chante à vêpres le
dimanche de la septuagésime : elle les y qualifie
de « *fidèles disciples du Christ,* avant la venue du
Christ, cohorte vénérable des Justes. » En effet
tous les hommes qui pratiquent la justice et la
charité, forment la grande église des vrais disciples du VERBE, c'est-à-dire, de la *Raison intelligente et aimante,* émanée de Dieu, éternelle
comme lui-même. C'est de cette église universelle, et aussi ancienne que le genre humain,
qu'il est vrai de dire que hors d'elle il n'y a point
de salut.

CHAPITRE XV.

TROIS DERNIERS GRADES, DITS ADMINISTRATIFS.

Nous ne les mentionnons que *pour mémoire*
(motifs, p. 315). Le surnom qu'on leur a donné,
prouve qu'ils ne sont guère considérés que comme
des titres d'honneur, déférés aux administrateurs
suprêmes du rit, et à des maç∴ dont on veut
récompenser les éminens services. Leur nullité
sous le rapport de la doctrine, autorise à croire
qu'ils ont été ajoutés pour compléter le nombre
33, dans lequel figure doublement le ternaire,
antique objet de la vénération de beaucoup
d'institutions relig∴ et philos∴, de la Cabale,
etc. Pythagore disait que les nombres règlent le
monde : on pouvait être de son avis en adop-
tant ses interprétations. Il lui aurait été aussi
facile de prouver qu'ils le bouleversent : à un
nombre quelconque de divinités, de qualités et
de choses bonnes, on peut opposer un nombre
égal de dieux ou génies, de qualités et de choses
mauvaises. La doctrine des nombres est donc
une niaiserie, et de l'arbitraire tout pur, p. 155.

Le 31°, G∴ *Inquisiteur Commandeur,* porte un
nom qui soulève le cœur par les affreux souvenirs qu'il rappelle. Vantez-vous donc, Chev∴
K∴, vous, homme saint (p. 316), vous, philosophe par la vertu et le savoir, vantez-vous d'être
un inquisiteur! L'atel∴ de ce gr∴ a le titre de
Tribunal. Ce ne pourrait être qu'un tribunal su-
périeur; mais il ne juge rien, et n'a rien à juger,
les corps constituans s'étant réservé la justice suprême. La réception se réduit à la communication de formules insignifiantes, p. 315.

Le 32ᵉ, *Prince du Royal Secret*, consacré aux croisades, pourrait être intéressant si l'on considérait ces guerres en historien philosophe, p. 258. Mais la réception n'offre qu'une accumulation fatigante d'images peintes, de noms barbares, de formes sans but. La partie la plus tristement curieuse de la cérém.·. est un serment dont l'apparition dans le monde et le motif remontent au douzième siècle. Le récipiend.·. est d'abord étourdi de l'anachronisme; puis, suivant que son humeur est sérieuse ou enjouée, suivant que sa conscience est sévère ou élastique, il prend le parti d'en rire, ou bien il gémit de ce que la maç.·. elle-même, imposant une obligation dont l'idée est folle, et l'accomplissement non réalisable, semble autoriser à se jouer de ce qu'il y a de plus sacré, la sainteté du serment. Si du moins on traduisait en allégories cet engagement et l'objet du gr.·., ils pourraient passer en attendant une meilleure organisation.

Le 33ᵉ, *G.·. Inspecteur général*, est dans certains cahiers, une seconde édition du 2ᵉ ordre chapitral, quant aux provocations à la haine et à la vengeance, et dans d'autres, une répétition de lieux communs, bien mal placée à la suite de tant de grades. Les anciens réglemens de cette catégorie contiennent des priviléges si exorbitans, que personne n'oserait les rappeler. Ainsi le sommet de la maç.·. offre un fâcheux contraste avec sa base; ses trois derniers degrés, qui devraient couronner dignement l'édifice, sont bien au dessous des trois premiers. Pour l'honneur de l'Institution, il faut, non pas les modifier, mais les refondre entièrement.

CHAPITRE XVI.

RÉSUMÉ DE LA SCIENCE DU FRANC-MAÇON.

Si un être humain entrait dans la vie avec son intelligence et ses sens développés, la première question qu'il se ferait, serait celle-ci : *Que suis-je?* C'est donc ce que doit se demander tout homme parvenu à l'âge de raison, savant ou ignorant, qui n'accepte pas l'existence, comme la brute, sans chercher à s'en rendre compte. Ainsi, premiers objets de l'étude du maç∴ : l'homme physique, son organisation ; l'homme intellectuel et moral, la supériorité que lui donne sa raison sur les autres animaux, qui ne sont guidés que par l'instinct : il commence à comprendre sa dignité et sa destination.

Quand on prend possession d'une demeure, n'est-on pas curieux de la connaître? Qu'est-ce donc que ce monde, dans lequel nous tenons la première place parmi les êtres vivans, où tout ce qui a été créé, semble l'avoir été pour nous? Notions sommaires sur le globe, et sur ses productions.

Cet examen, quelque rapide et superficiel qu'il soit, attire nos regards vers le soleil, sans lequel notre terre serait une masse inerte et improductive. Nous remarquons en même temps le flambeau des nuits, et les autres planètes que le soleil éclaire et échauffe comme la nôtre. Précis du système planétaire.

De cet astre radieux, nous nous élevons jusqu'à ces étoiles, autres soleils, qui brillent dans le ciel, et qui ont certainement une destination, celle de vivifier d'autres mondes habités, que nous ne pouvons voir. Nous prenons une idée de l'immensité de l'univers.

Dans cette grandeur sans limites, qui confond nos calculs, et même notre imagination, comme dans l'infiniment petit des animaux et des plantes microscopiques, nous remarquons un plan habilement conçu, coordonné dans toutes ses parties, un mécanisme admirable, dont la marche est régulière et constante. Il serait insensé d'attribuer à l'aveugle hasard ce qui ne peut être que le produit d'une intelligence supérieure. Ainsi l'ordre physique a ses lois. S'il y a des lois, il y a un suprême législateur : c'est l'éternel Géomètre. Nous sommes sûrs qu'il existe, sans nous inquiéter de ce qu'il est, trop faibles pour connaître son essence. L'examen de ses ouvrages nous a convaincus de sa puissance et de sa bonté : nous l'adorons comme notre maître, nous l'aimons comme notre père.

Le sentiment d'une première cause, qui n'a pu rien créer ou organiser sans motifs, sans but, nous donne la clé de l'énigme de notre existence. Après être remontés de nous et de l'harmonie de l'univers jusqu'à cette cause, nous redescendons d'elle à nous-mêmes. Nous reconnaissons en nous une émanation de l'intelligence divine. Toute faible qu'elle est relativement à sa source, elle est assez puissante pour que nous fassions notre profit de toutes les productions de la nature, pour que nous les perfectionnions même, et que nous y trouvions des trésors à l'aide desquels nous avons inventé les sciences et les arts, nous en étendons les limites pour les besoins et les charmes de la vie : magnifique privilège, qui met un intervalle immense entre nous et les animaux, dont les générations successives, enfermées à jamais dans le cercle de l'instinct primitif, ne font aucun progrès. Nous en concluons que nous avons en nous un principe immatériel, qui ne peut périr, une ame, dont l'essence nous est aussi inconnue que celle de Dieu, mais qui se manifeste par ses opérations, comme Dieu par ses œuvres.

Nous étudions cette ame : outre ses facultés intellectuelles, nous y trouvons l'amour et la reconnaissance pour celui qui nous a prodigué de si précieuses faveurs, la sympathie pour nos semblables, la satisfaction de nous-mêmes quand nous faisons bien, le mécontentement lorsque nous cédons à de mauvais penchans. Dans ces dispositions naturelles, qui ne sont affaiblies que chez les malheureux dégradés et pervertis par l'habitude du crime, nous découvrons pour l'ordre moral, des lois et un législateur, comme nous en avons trouvé pour l'ordre physique, dans les merveilles qui nous entourent ; nous voyons clairement la fin pour laquelle Dieu nous a prêté une vie passagère, que nous devons rendre utile à la société, qui nous protége, à tous les individus que nous pouvons aider de nos services et de notre appui, à nous-mêmes, que nos vertus et nos talens peuvent seuls conduire au bonheur et à l'accomplissement de notre mission. De là l'étude de nos devoirs généraux et particuliers.

L'histoire nous donne de grandes leçons. Elle est un moyen d'acquérir en peu de temps plus d'expérience que nous ne pourrions en avoir par la vie la plus longue. Confirmant la théorie par les faits, elle nous démontre que les nations et les familles n'arrivent à la prospérité que par la pratique des lois éternelles de la morale, et que la violation de ces lois amène tôt ou tard leur décadence et leur ruine. De fréquens exemples

fournissent la même preuve pour les individus
p. 223. Attachons-nous aux grands faits de l'histoire, propres à faire ressortir ces vérités. Cherchons, pour nous édifier, à connaître les traits
qui honorent l'humanité, et les hommes qui en
ont été les bienfaiteurs. Apprenons par les résultats, à distinguer le vrai mérite de la fausse
gloire.

Si l'histoire éclaire les esprits, l'éloquence et
la poésie élèvent l'ame, échauffent les cœurs.
Multiplions nos jouissances et nos moyens d'instruction et de perfectionnement, par la lecture
des fragmens les plus remarquables en ce genre.

Les anciens nous ont transmis de bons préceptes, d'importantes vérités, sous le voile des
allégories, des emblèmes. Appliquons-nous à en
saisir le sens, afin de consolider et d'augmenter
les trésors de notre sagesse.

Voilà pour tous les gr.·., depuis le premier
jusqu'aux plus élevés, mais particulièrement
pour la catégorie symbol.·. Le champ est vaste
et inépuisable : mais il convient de ne donner
dans cette classe, sur la plupart de ces nombreux
sujets, que des notions simples et sommaires, et
de réserver pour les gr.·. supérieurs, des développemens plus étendus, et des instructions spéciales sur certaines parties.

Dans l'ordre chapitral, aux connaissances générales précédemment acquises sur l'histoire de
l'initiation, tant ancienne que moderne, le maç.·.
en ajoute de plus précises sur les rites divers. Il
puise dans cette étude, de nouvelles lumières,
de nouveaux motifs pour s'attacher de plus en
plus à cette institution, en remarquant combien
elle a été imposante et utile dans son antique
berceau; des moyens de la perfectionner, et
d'en réaliser tous les avantages, non plus, comme

autrefois, au profit de quelques privilégiés, mais en faveur de tous.

Chevalier, il dirige son attention sur la chevalerie du moyen âge, un des anneaux qui lient la chaîne de l'ancienne initiation à celle des temps modernes. Il ne confond pas les idées et les usages d'une époque d'ignorance et de barbarie, avec les sentimens généreux et les bonnes pratiques qu'il doit adopter.

Dans l'examen des cultes, il sépare avec la même intelligence le bon grain du mauvais, la vérité de l'erreur. Il remarque comment le genre humain, malgré ce sens instinctif, inhérent, à sa nature, et qui est si général qu'on l'a appelé *sens commun*, s'est laissé conduire jusqu'à l'absurde. Il y voit plusieurs causes, plus ou moins influentes selon les lieux et les temps : 1° l'ignorance, qui accepte les croyances les plus insensées, à laquelle même des législateurs de bonne foi ont pu croire qu'ils devaient les imposer; 2° l'entraînement, qui a fini par diviniser des objets matériels ou des personnages pour lesquels on n'avait d'abord qu'un juste sentiment de respect et de reconnaissance (Fétichisme, p. 268); 3° L'effronterie intéressée, dont l'audace s'est accrue à mesure qu'elle a trouvé les peuples plus crédules; 4° les fictions poétiques dont nous avons parlé, p. 333; 5° le goût de l'allégorie, général et dominant chez les anciens, qui se retrouve même dans l'évangile, et dans ce que les interprétateurs y ont ajouté, et qui a produit les diverses croyances appelées *mystères*, dénomination qui avertit franchement et d'avance, qu'elles exigent une foi soumise, et qu'elles ne pourraient être comprises par la raison qui s'en tiendrait à la lettre. Nous ferons observer à cette occasion, que la maç∴ n'a pas réellement de mystères, puisqu'elle provoque l'examen de la raison sur tout ce qu'elle enseigne, et qu'il ne faut entendre par mystères maçonn.'. que certaines formes qui ne doivent être connues que des initiés, et des allégories, *qu'elle explique.*

Parvenu au sommet de l'échelle maç.'., il possède un fonds d'instruction qui le met en état d'entrer plus avant dans le sanctuaire des sciences. Il approfondit ce qu'il avait seulement effleuré ; il cultive avec un soin particulier celles qui sont le plus utiles par elles-mêmes, ou pour lui personnellement ; il se fait sur toutes, ainsi que sur les arts, des opinions assez justes pour en apprécier les avantages, et pour motiver l'estime qu'il leur porte. Avec ce savoir et cet esprit judicieux, il est déjà avancé dans la carrière de la philosophie ; et pour arriver au but, pour acquérir une instruction solide, basée sur des faits, il soumet au creuset de l'analyse les heureuses inspirations, aussi bien que les écarts des sectes philosophiques ; et de ces doctrines diverses, il s'en compose une aussi sage qu'élevée, aussi éloignée de *l'indifférentisme,* qui dessèche et matérialise le cœur, que de la foi superstitieuse, qui étouffe l'intelligence.

C'est ainsi que le maç.'. qui a franchi les trois catégories de l'Ecossisme, ou de tout autre rit dont le système est sagement gradué, joint le savoir à la vertu, c'est-à-dire qu'il est un véritable philosophe, en théorie comme dans la pratique.

Il n'y a donc plus lieu de regretter l'ancienne maç.'. en trois ou quatre degrés : elle ne nous conviendrait plus, p. 230. L'Ecossisme, réductible, et réduit en effet par la distribution de ses H.'. G.'. en séries, p. 204, est tout à la fois simple, et offre un vaste cadre pour tous les enseignemens qui conviennent à un maç.'. avancé.

Leur graduation permet d'en faire un très beau rit, digne de notre époque, nécessaire même à notre besoin actuel d'instruction. Comme le fond en est excellent, et que ses défauts ne sont que dans les formes, ils peuvent facilement être corrigés par quelques modifications, et passer même inaperçus, si l'on donne un intérêt réel aux travaux. C'est un champ fertile, dont les plantes parasites disparaissent par une bonne culture.

Objections et réponses.

1°. Si l'on nous trouve trop exigeans sur le nombre et la variété des connaissances que doit posséder le maç∴, particulièrement dans les H∴ G∴, nous répondons que nous n'avons fait que rappeler ce que nous demandent les rituels, qu'il n'est aucune des sciences, aucun des arts par nous cités, qui n'y soit formellement recommandé à son attention. La seule science de l'histoire n'y est pas nominativement désignée; mais elle est une partie essentielle de la philos∴ morale, à laquelle personne ne soutiendra que le maç∴ doive rester étranger. Les exemples des vertus et des crimes, et leurs résultats, sont également propres à instruire, et à porter au bien. Et d'ailleurs, le tableau des initiat∴ anciennes, des rites modernes, de la chevalerie, des cultes, des superstitions, des systèmes philos∴ les plus importans, n'est-il pas de l'histoire? Peut-on le tracer sans l'éclairer par quelques considérations sur les temps et les lieux témoins des faits que l'on rapporte?

2°. Les hommes dont l'esprit a été cultivé par l'étude, ont toute l'instruction que la maç∴ exige. Nous avons répondu d'avance à cette objection, p. 314, et nous avons prouvé que c'est

une raison de plus pour qu'ils y entrent et qu'ils
y restent, si leur cœur est aussi généreux que
leur tête est bien meublée. Autrefois, certains
temples maç∴ n'étaient guère fréquentés que
par des hommes, sinon savans, qui aspiraient
du moins à le devenir. Mais ils se livraient aux
sciences dites *occultes*, magie, cabale, divination,
hermétisme, etc., sciences vaines et trompeuses,
à la recherche desquelles ils usaient leur temps
et leur fortune. Elles sont heureusement décré-
ditées ; on sait aujourd'hui ce que c'est que les
vraies sciences, celles dont le maç∴ doit s'occuper. Des atel∴ les cultivent, en partie du
moins. Le degré d'instruction, et les goûts particuliers de leurs membres, peuvent faire varier
les trav∴ à l'infini, et ce serait un grand bien
pour l'Institution. Dans un atel∴ généralement
composé de savans, on approfondirait davantage
telle ou telle science ; dans celui où dominerait
le goût de la littérature, on ferait de l'éloquence,
de la poésie, de l'histoire (p. 62), le tout sans
perdre de vue le but philantropique, ce qui ren-
drait ces associations doublement précieuses.

Mais les savans et les littérateurs ne forment
pas la grande masse des initiés, p. 314 : cette
masse se compose d'hommes estimables, jeunes
ou pères de famille, qui ont peu étudié, qui ai-
meraient cependant à trouver dans nos temples,
sans être distraits des trav∴ de leur état, une
instruction suffisante et facile. La plupart même
s'y présentent avec cet espoir, et les abandon-
nent quand ils le voient déçu. La leur donner
est le devoir et aujourd'hui le plus beau rôle de
la maç∴ (même p.). Ce sont les besoins de cette
classe très nombreuse que nous avons en vue
dans le plan que nous proposons.

3°. Cette classe est-elle apte à profiter d'un

enseignement qui embrasse presque toutes les
sciences physiques et morales?... Oui, s'il est
donné comme il doit l'être. Il s'agit en effet,
non de faire des cours avec la méthode d'un
professeur, avec des détails scientifiques ou
techniques (p. vii, introd.·. du 1er cahier), mais
de présenter des notions générales, simples et
concises, particulièrement celles qui viennent
en aide à la philos.·. morale (même p. de l'introd.·., et p. 55 et 56). Les sciences naturelles,
qui ont éminemment ce mérite, l'histoire, civile, relig.·., philos.·., consistent principalement
en faits : or les faits sont facilement compris,
ce sont eux qu'il faut s'attacher à faire ressortir.

Il est en outre un certain nombre de sciences
et d'arts, dont il ne faut qu'exposer les avantages,
afin d'inspirer aux maç.·. l'amour du savoir,
l'esprit d'observation, une estime raisonnée pour
toutes les productions du génie et de l'industrie.
Aussi, pour ces sciences et pour ces arts, avons-
nous dit : *célébrons*, ou *rendons hommage*, et non,
enseignons-les. Quelques mots sur leur origine,
leurs progrès, leur utilité ou leur agrément, les
feront suffisamment connaître sous le point de
vue maçonnique.

4°. Ces considérations répondent encore à
l'objection tirée de ce qu'un homme ne peut
réunir en lui tant de connaissances, à moins
qu'il ne fasse de l'étude l'unique occupation de
sa vie. Il ne pourrait sans doute les posséder
toutes à fond, même avec beaucoup de travail,
et les rituels ne l'exigent pas. Nous ne deman-
dons avec eux que ces notions indispensables au
maç.·., au prof.·. même, qui ne veut pas se
condamner à une existence toute matérielle,
rester aveugle et inintelligent au milieu de tant
de merveilles de la nature et de la civilisation,

être réduit à ne parler avec ses semblables que
d'objets frivoles, ou même ignobles, à ne pouvoir
élever l'ame de ses enfans, éclairer leur esprit,
former leur cœur, exciter leur curiosité, répondre
à leurs questions, dans ces entretiens familiers,
dont l'occasion est si fréquente, et qui sont leur
première éducation, celle qui a le plus d'influence sur le reste de la vie.

5°. Il est impossible que des sujets aussi nombreux soient traités, surtout dans les Chapitres
et dans les Conseils de 30°, qui ne s'assemblent
guère que pour conférer les gr.·. D'abord, ces
atel.·. manquent en cela au but de leur institution : ils doivent avoir des séances périodiques,
et consacrer à des instructions sur la partie philosophique et scientifique de la maç.·., celles où
ils n'ont pas de réceptions à faire, p. 234. C'est
à eux en effet que cette belle mission est spé-
cialement confiée. En second lieu, si nous leur
avons assigné des sujets particuliers, c'est que
leurs rituels les indiquent. Ce n'est pas à dire
que ces sujets, sauf quelques-uns, qu'il convient
de réserver pour des réunions plus intimes, et
professant une doctrine plus avancée, ne puis-
sent être présentés dans la L.·., dont ils ren-
draient les tenues plus intéressantes et plus
utiles. Qu'on ne s'effraye pas de leur nombre :
il n'en est pas un seul qui ne puisse être déve-
loppé aussi complètement que l'exige le but
maç.·., en une ou deux allocutions de quinze à
vingt minutes. L'essentiel est d'aider à faire les
premiers pas dans la science. Parmi les audi-
teurs, il y en aura sans doute qui trouveront
quelques loisirs pour acquérir par des lectures
sur un sujet pour lequel ils ont de la prédilec-
tion, des connaissances plus étendues que celles
qu'ils auront reçues dans les ateliers. Il serait

bien à souhaiter que la maç.·. eût aussi son *Bréviaire*, à l'aide duquel les initiés se pénétreraient au foyer domestique, de ce qu'ils auraient entendu en séance, avec distraction peut-être, et apprendraient ce qui n'y aurait pas été dit. Un pareil ouvrage devrait être composé de manière à pouvoir être lu dans les familles. Il n'y serait pas question des *mystères* de la maç.·., si toutefois, par le temps qui court, elle a d'autres mystères que ses mots, signes et attouch.·. p. 77. Elle n'est plus, et ne peut plus être, sous peine de périr, qu'une vaste société d'instruction populaire et de bienfaisance. Elle vient généreusement au secours des prof.·. et des frères malheureux : elle doit répandre la lum.·. avec la même libéralité parmi les premiers autant que parmi ses adeptes. Ce bienfait signalé lui attirerait un grand nombre d'honorables prosélytes. Des prof.·., ayant d'avance une idée de son but et de ses enseignemens, apprécieraient son importance, et s'empresseraient de se ranger autour de ses autels. Peut-être essaierons-nous de remplir les différens programmes que nous avons tracés dans nos cinq cahiers, et dont nous venons de présenter le résumé. Cet ouvrage, tout-à-fait détaché de notre Cours, qui est complet quant à la direction intérieure, et aux principes fondamentaux de la doctrine, serait néanmoins le développement de ceux-ci. Il fournirait tout à la fois, non pas des discours faits avec art, et alongés par des phrases redondantes, mais des lectures simples, courtes et variées, pour les séances où des membres de l'at.·. *n'auraient pas eu le temps* d'en préparer (car c'est toujours sur le temps que retombent les torts de l'insouciance), et aux orateurs de bonne volonté, des matériaux assez complets d'après leur destina-

tion, pour qu'il leur reste peu de recherches à
faire, et qu'ils n'aient besoin que d'y ajouter,
s'ils le jugent à propos, quelques formes ora-
toires, et quelques considérations suivant les
circonstances. Nous espérons que nos développemens sur les diverses parties de la *Science du*
Fr.·.-Maçon n'exigeront pas plus de livraisons
que notre Cours pratique, ou du moins en exigeront très peu au delà, ce qui sera une preuve
de fait que toutes ces parties peuvent être trai-
tées dans les ateliers, sans préjudicier aux trav.·.
de réception et autres, qu'on ne peut ajourner, et
sur lesquels il n'est guère possible de ne prendre
qu'une vingtaine de minutes pour des instructions spéciales. Nous supposons donc qu'il faudra
trois ou quatre ans pour épuiser celles que nous
proposons. Cette période est assez courte pour
que les maç.·. un peu constans les entendent
toutes successivement, et assez longue pour
qu'on puisse les recommencer dans la période
suivante. Elles seront nouvelles pour les frères
récemment initiés, et leur répétition ne sera pas
inutile ni sans intérêt pour les anciens, auxquels
d'autres orateurs les présenteront sous des formes différentes. Et puis, les membres peu exacts
aux séances, et ceux qui désireront se recorder
dans le silence sur la partie la plus substantielle
de ce qu'ils auront entendu, n'auront-ils pas la
ressource de la lecture? Ainsi l'instruction sera
facile, il n'y aura pas un seul maç.·. qui ne
puisse se mettre en état de parvenir aux gr.·.
supérieurs, l'ignorance sur ce que doit savoir
tout homme qui a le sentiment de sa dignité,
sera sans excuse, on ne dira plus que la maç.·.
est sans but, qu'elle se réduit à de futiles cérémonies : éclairant ses disciples, les animant
comme Prométhée, de ce feu sacré sans lequel

on n'est point un homme, p. 312, elle sera florissante et honorée.

En présentant ce résumé des enseignemens
à donner dans nos temples, nous n'avons pas
prétendu tracer un cercle en dehors duquel il
n'y aurait rien à dire. Nous avons recueilli dans
les rituels les sujets d'instruction qu'ils recommandent plus ou moins explicitement. Ils sont
nombreux; mais les maç∴ *zélés, prudens et instruits,* ont pleine liberté de suivre leurs inspirations, p. 235. C'est un riche et inépuisable domaine, que celui où l'on peut exploiter tout ce
qu'il y a de vrai, de bon, de noble et d'utile.

MAÇONNERIE DES DAMES.

Toutes les promesses que nous avons faites
dans nos premiers cahiers, annonçant des sujets
que nous traiterions dans les cahiers suivans,
ont été remplies, sauf une seule, celle qui est
relative à la maç∴ des Dames.

Jusqu'à présent, cette maç∴ n'a pas été cons-
tituée d'une manière fixe et permanente : elle
ne se montre que par intervalles, et dans des
fêtes passagères, appelées *fêtes d'adoption.* Nous
avons dit p. 61, qu'elles ont leurs charmes et
leurs avantages, mais aussi leurs inconvéniens
et leurs dangers. Les uns et les autres ont été
exposés en 1825, avec beaucoup de chaleur et
de talent, dans une conférence qui a occupé
plusieurs séances de la L∴ des Sept-Ecossais.
Ces conférences, qui étaient entre d'habiles im-
provisateurs, des luttes animées et brillantes, se
terminaient par un résumé du Président. Ce fut

en cette qualité que nous présentâmes les opinions pour et contre, dans un résumé que nous rapportons ici en l'abrégeant.

La première question était celle-ci (p. 362, 4ᵉ vol.˙. Encycl. maç.˙.) « La maç.˙. d'adoption, telle qu'elle est généralement pratiquée, n'est-elle pas plutôt contraire que favorable au but de l'institution ? »

Cette question a été franchement abordée dès le début : un F.˙. a soutenu que les séances d'adopt.˙., toujours suivies de banquets et de bals, sont doublement nuisibles :

1ᵉ Sous le *rapport financier*. Il a cité des exemples effrayans, entre autres, celui d'une Loge qui pour donner une fête à un grand personnage, a dépensé douze mille fr.˙. au delà des trente de cotisation fournis par chaque assistant, s'est ruinée, et a fini comme l'imprudent papillon qui se précipite sur la flamme d'une bougie, où il se brûle. Une aussi haute folie est heureusement rare ; mais toutes les L.˙. qui se permettent des fêtes d'adop.˙., sont obligées de prendre sur leur caisse des sommes plus ou moins considérables, dont l'emploi devrait être tout différent. Il n'y a pas long temps encore, a-t-il ajouté, qu'une L.˙., après avoir jeté huit cents fr. dans une pareille fête, n'a pu quelques mois après, en donner cent à un de ses membres, victime d'un incendie. Ce qui n'est pas rare, c'est que des L.˙. dissipent ainsi leurs économies, dont elles ne réparent la perte que très difficilement, quelques-unes jamais, et finissent par le sommeil ou la mort (p. 48, 49 et 50).

2ᵉ. Sous le *rapport moral*. Ces fêtes inspirent une idée fausse et désavantageuse de la maç.˙. aux prof.˙., qui ne sachant pas le bien qu'elle fait en secret, doivent penser qu'elle ne consiste qu'en repas, en bals, en plaisirs, en réunions somptueuses et galantes. Quelque grave que soit cet inconvénient, il est encore le moindre. Ces réunions n'ayant de l'éclat, et ne pouvant couvrir une partie de leurs frais qu'autant qu'elles sont nombreuses, on invite, on sollicite tous les maç.·., on engage même quelquefois des prof.·. Les abus les plus graves résultent ou peuvent résulter de ce mélange d'hommes et de femmes qui ne se connaissent pas, et passent la nuit au milieu des plaisirs de la danse. Enfin ces plaisirs, tout prof.·., auxquels les pères prudens ne conduisent leurs femmes et leurs filles que lorsqu'on ne doit y admettre que des personnes bien connues, sont en opposition directe avec le caractère de la maç.·., qui est essentiellement grave et religieux.

Un vénér.·. qui avait eu récemment un plein succès dans la direction d'une de ces fêtes, a plaidé en leur faveur à plusieurs reprises. Tout en convenant de la réalité des inconvéniens qui avaient été signalés sous un double rapport, il a soutenu qu'on peut y maintenir la décence en n'admettant que des personnes dont on puisse répondre; et quant aux finances, qu'avec de la sagesse, on peut les ménager, qu'il est permis à une L.·. dont la caisse est dans une situation florissante, de procurer quelques plaisirs honnêtes à ses membres et à leurs familles.

On lui a contesté ce dernier principe avec vigueur, en lui rappelant que l'excédant des dépenses admin.·. doit être employé en bonnes œuvres. On l'a félicité du succès qu'il avait obtenu; mais on a dit que ce succès même prouvait contre ces fêtes, puisqu'il ne l'avait dû qu'à des soins si pénibles, que lui-même avait déclaré sa résolution de ne plus en accepter le fardeau;

qu'une *réunion* de plaisir, achetée par celui qui
la prépare et la dirige, au prix de tant de fa-
tigues, d'inquiétudes et de véritables angoisses,
est nécessairement dangereuse et abusive; qu'on
trouve rarement des vén.·. qui se livrent à de
pareils soins, et qu'en conséquence les abus dont
il a reconnu l'existence ou la possibilité, doivent
généralement avoir lieu.

Le même vén.·. a répondu à l'objection tirée
des prélévemens que les fêtes d'adop.·. nécessitent sur les caisses des L.·., que les fêtes d'Ordre en nécessitent également, et que les unes sont
aussi licites que les autres.

On a répliqué que les fêtes d'Ordre sont or-
données par les Statuts, tandis que les fêtes
d'adop.·. ne le sont pas; que la nécessité des
premiers prélévemens doit rendre plus réservé
pour les seconds; qu'ils sont beaucoup moins
considérables; que s'ils s'élèvent à une cer-
taine somme, c'est un abus, et qu'on ne peut
justifier un abus par un autre; que les cotisat.·.
particulières de chaque membre devraient toujours suffire, ou du moins à peu de chose près,
aux frais d'un banquet maç.·., et que cela est
ainsi dans les L.·. bien administrées.

Un léger débat s'est élevé sur la question de
savoir si l'on doit danser avec les décorations
maç.·. Plusieurs frères ont prétendu que les décors ne paraissant pas dans le bal, ce n'est plus
qu'un amusement prof.·., et qu'en conséquence
la maç.·. n'est pas compromise. On leur a fait
observer qu'elle l'est toujours, soit que l'on
garde, soit que l'on quitte les décors; que ces
bals venant à la suite de trav.·, et d'un banquet
maç.·., les dames, et les prof.·. qui auraient pu
s'y glisser, remportent nécessairement l'idée
qu'ils ont dansé en maçonnerie.

Dans une improvisation énergique et concise,
un frère est remonté au principe même de la
maç.·. Elle est un enseignement : or quel enseignement y a-t-il dans la danse ? Elle est instituée
pour élever ses adeptes au dessus des préjugés et
des habitudes prof.·. Or la danse est un amusement prof.·., malgré ce qu'on a dit de certaines
cérémonies religieuses où elle était autrefois
admise, ce qui n'est plus dans nos mœurs. Il
suffit que des fêtes d'adop.·. aient ruiné ou ap-
pauvri toutes les L.·. qui en ont donné, aient
entraîné des abus, pour qu'on se les interdise.

Il a été répondu que des abus se glissent dans
toutes les institutions humaines, qu'il faut y re-
médier, et garder ce qui est bon en soi-même,
qu'ainsi les banquets et les bals d'adop.·. doivent
être conservés, en composant les réunions avec
un choix sévère, et en les organisant de manière
qu'elles ne nuisent pas aux finances de la loge.

On a répliqué qu'ici l'abus est dans la chose
même ; que malgré les précautions les plus sages,
on ne peut éviter des dépenses onéreuses ; que
le choix sévère est impossible dans des réunions
dont les frais exigent un concours nombreux ;
que ce concours d'hommes et de femmes qui
passent la nuit dans des plaisirs bruyans, où il
est si facile de s'oublier, est dangereux par lui-
même ; qu'il est contraire au but et à l'esprit de
l'institution, qui ne doit pas prendre sur elle une
responsabilité aussi effrayante ; qu'enfin, si des
familles de maç.·. qui se connaissent bien, veu-
lent se procurer ensemble le plaisir de la danse,
elles peuvent se réunir pour ce divertissement,
très innocent quand il est pris entre personnes
qui ont intérêt de se respecter mutuellement ;
mais qu'il ne doit y avoir là, ni trav.·., ni dé-
nominations, ni formes, ni contributions mac.·.

On ne prénait pas d'arrêté dans ces conférences, dont le seul but était de faire sortir la
vérité du choc des opinions pour l'instruction de
chacun. Mais le résultat évident de cette discussion a été un sentiment général de blâme contre
la forme usitée des fêtes d'adoption.

Jusque là les orateurs, ne considérant dans ces
fêtes que ce qu'elles étaient, et non ce qu'elles
pouvaient être, s'étaient bornés à les combattre,
ou à présenter en leur faveur des motifs d'indul-
gence. On n'avait pas encore examiné s'il était
possible d'organiser une maç∴ de dames qui
eût des avantages incontestables, qui fût utile à
la grande association maç∴, et quels pourraient
être les élémens de cette organisation. Le pro-
gramme posait à cet égard deux questions qui
provoquaient ce double examen.

L'utilité d'une bonne organisation a été re-
connue. On a rappelé le mot célèbre d'un philosophe du 18ᵉ siècle : la maç∴ est une religion
avortée. La philosophie de ce siècle cherchait
par des efforts incessans à détruire l'influence
sacerdotale, source de déplorables abus, et pour
y mieux réussir, elle a eu, dans son ardeur mi-
litante, le tort d'attaquer le culte lui-même. Elle
aurait désiré le voir remplacé par une institution qui n'établît pas un clergé dominateur.
Notre philosophe, regrettant donc que la maç∴,
avec ses élémens religieux, ne fût pas un culte
public, s'écriait dans son dépit : *c'est une religion
avortée.* Non, elle n'est pas avortée pour ne pas
être un culte public; car elle n'a jamais eu la
prétention de le devenir, elle ne le veut pas, elle
ne le voudra pas de longtemps. Persuadée que
les nations n'ont été que trop victimes des dis-
sentimens religieux, qu'elle remplit une destinée
aussi glorieuse que pacifique, en ne communi-

16.

quant la lum.·. qu'à ceux qui la désirent, elle
attendra patiemment que cette lum.·. se répandant de proche en proche, sans trouble, et sans
alarmer les consciences, amène l'époque où elle
pourra briller aux yeux des peuples. Elle est ce
qu'elle a toujours été, une institution philosophique et mystérieuse, où l'on enseigne une doctrine qui mette en garde contre les erreurs vul-
gaires. Elle n'est pas avortée, même comme institution religieuse : son feu sacré s'entretient
sous la voûte de ses temples, et se propage pacifiquement. S'il est vrai que dans l'état actuel
de la société, il devrait jeter un plus vif éclat, il
faut en accuser, non l'institution, mais la tiédeur
des hommes qui la pratiquent, et qui ne lui font
pas produire les fruits précieux dont elle porte
le germe. On peut encore l'attribuer à l'exclusion
des femmes de ses temples, exclusion qui a pu
être nécessaire dans d'autres temps, mais qui
est un contresens aujourd'hui. Au lieu de les attacher à l'institution en leur montrant ce qu'elle
est, on soulève leur antipathie. Comment en effet pourraient-elles voir sans aversion, des assemblées dont l'accès leur est interdit? Si elles
les regardent comme des réunions d'agrément,
elles s'indignent de ce que nous ne partageons
pas nos plaisirs avec elles. Si elles les croient sé-
rieuses, persuadées, souvent avec raison, qu'elles
nous valent quant à l'intelligence, elles sont hu-
miliées et piquées que nous ne les jugions pas
dignes d'y prendre part. Une institution dont
l'objet est d'éclairer les esprits et d'émouvoir les
cœurs, ne peut avoir un grand succès si elle a
pour ennemie cette moitié du genre humain,
qui, dans nos contrées surtout, exerce une si
grande influence; il lui importe au contraire
d'avoir dans les femmes des prosélytes dévouées.

Le christianisme a sensiblement contribué à rapprocher les deux sexes par une foi commune, qui établissait entr'eux une sorte d'égalité de droits et de devoirs, et adoucissait l'empire de la force sur la faiblesse. Celle-ci en a été reconnaissante : même dans les siècles barbares, où les hommes étaient moins disposés à se laisser influencer par les femmes, ce sont elles principalement qui l'ont répandu, en persuadant aux princes leurs époux de l'embrasser. La maç.·., qui ne peut se propager que par la persuasion, a donc besoin des femmes pour être florissante. Loin de les avoir pour auxiliaires, elle est obligée de lutter incessamment contre elles ; car il en est peu qui l'aiment, et la plupart en détournent leurs maris, qui, de guerre lasse, et pour avoir la paix, finissent par l'abandonner.

Gardez, a dit l'orateur, votre maç.·. avec ses formes austères ; mais organisez celle des dames de manière que sans compromettre leur santé et les intérêts de leur ménage par des nuits passées dans des plaisirs tout-à-fait en dehors de l'institution, elles viennent dans vos L.·. une fois ou deux par an ; que là elles travaillent sous votre direction, suivant leur rit particulier ; qu'elles trouvent dans de petites fêtes qui intéressent à la fois leur cœur et leur esprit, plaisir et instruction. Alors, sachant par elles-mêmes ce qu'on fait dans la maç.·., elles se réjouiront de vous y voir, bien sûres que vos bons principes s'y fortifient, que vous ne pouvez revenir de ses réunions, que meilleurs ou plus disposés à l'être. Si par fois la faiblesse humaine vous fait dévier de ces principes, qu'elles auront entendu retentir sous les voûtes de nos temples, elles vous y rappelleront avec douceur. Plus assidues au foyer domestique par goût et par devoir, elles se contenteront des rares assemblées qui leur seront consacrées, et se consoleront facilement de ne pas faire partie des autres. Elles aimeront enfin la maç.·., et vous aideront à la propager.

Outre les initiations de jeunes personnes et de dames, qui ont toujours un attrait puissant, un peu de musique, des actes des bienfaisance, particulièrement envers des femmes qui en seraient dignes par leur malheur et leur bonne conduite, des félicitations, des récompenses, soit honorifiques, soit d'un positif plus ou moins important, suivant les cas et les moyens, décernées à de bonnes actions, à des ouvrages utiles, donneraient à ces séances un touchant intérêt.

Ces vues furent accueillies avec faveur. On fit seulement quelques observations de détail, celle entre autres, que le préopinant ayant proposé deux réunions de dames chaque année, celle qui serait consacrée à des récompenses, serait assez solennelle et assez longue pour qu'il n'y eût pas lieu à un banquet; que l'autre, destinée à des initiations et à des actes de bienfaisance, paraîtrait incomplète si elle n'était pas suivie d'un repas à l'imitation des agapes des premiers chrétiens. Il n'y a là, dit l'opinant, aucun inconvénient moral ou financier. — Si l'on dîne, objectèrent d'autres, on finira tard, et l'on voudra employer le reste de la nuit à danser. Toute société un peu nombreuse d'hommes et de femmes regarde la danse comme l'accompagnement indispensable d'un repas du soir. — Un murmure approbatif prouva que l'observation paraissait juste.

Je reconnais, a répondu l'orateur qui avait exposé son plan, qu'il est bon et utile que les dames dînent une fois par an avec les maçons; je désirerais qu'il n'y eût jamais de bal en maç.·.

Cependant je ferai une concession aux exigences
de l'usage, et à l'amour des dames pour la danse.
Je consens à un bal à la suite du banquet annuel, mais à trois conditions :

1°. Qu'il n'ait jamais lieu dans un local maç∴,
et qu'aucun insigne n'y paraisse;

2°. Que la L∴ n'y admette que ses membres,
leurs familles, et les visiteurs qui se présenteront
avec un billet signé d'un frère de la L∴, dans
lequel il déclarera bien connaître le recommandé, et en répondre ;

3°. Que la L∴ se contente de surveiller ce
divertissement, qu'elle ne fasse pour cet objet
aucune dépense, et que les frais en soient cou-
verts par les cotisations de ceux qui voudront y
prendre part, et qui feront pour le bal une sous-
cription distincte de celle du banquet, attendu
que la maç∴ est rigoureusement destinée à sou-
lager le malheur, et non à payer des parties de
plaisir.

L'assemblée s'est séparée après avoir généralement témoigné le désir qu'il fût organisé une
maç∴ d'adoption, dont les séances peu fré-
quentes eussent, sous des formes plus légères et
plus variées, le but moral et philantropique de
celle des hommes, et, sauf quelques réclama-
tions, qu'il y eût un banquet annuel, plus, si la
majorité le demande, un bal à la suite, mais
sous les conditions exprimées. Il est à remarquer
que dans cette conférence, les adversaires les
plus ardens de la danse ont été en grande partie
de jeunes orateurs. Ils l'aimaient sans aucun
doute, mais ailleurs qu'en maç∴ Nous pourrons,
plus tard et dans un autre ouvrage, exposer les
trav∴ de la maç∴ des dames, et particulièrement le mode d'initiation que la L∴ Isis-
Montyon a pratiqué en famille, et dont ses trav∴

nombreux ne lui ont pas encore permis de faire, ainsi qu'elle se le propose, p. 101, un essai plus solennel et plus décisif.

Table analytique du Cours.

Voir les tables de chaque cahier. Nous ne répétons pas ici la mention des sujets généraux qu'elles indiquent. Le but de la table analytique est d'aider à retrouver les sujets particuliers les plus importans, emblêmes, symboles, etc.

T. Tartare et Champs Elysées, 95.

2°. *Dans le 4e cahier* : Architecte (gr∴ d'), dernier de l'anc∴ maç∴, 228. — Emblémes des gr∴ capit∴, 240 à 254; aigle, 271 et 277. — Pierre cubique du 14e degré, 248. — Croix, croix grecque, 279. — Les trois col∴ du R∴ C∴, 282. — Evangile, 273, *item*, 301 et 331.

3°. *Dans le 5e cahier* : Bcussons pour les Chap∴ et les Conseils, 292. — Emblémes des gr∴ philos∴, 302 à 321; aigle à deux tétes, 318.

Prescience divine, prédestination, fatalisme, 303 et 330.

Théodicée, 303. — Morale (science de la), 304. — Psychologie, 305. — Cosmogonie et théogonie, 325. — Le Verbe, 333.

Art de la navigation et astronomie, 306. — Bienfaits de la législation, 307. — Médecine, hygiéne, botanique, liberté civile, 308. — Esclavage; chimie; corporations monastiques; gnostiques; pierre philosophale allégorisée, 309. — Tolérance, 310. — Sciences naturelles, 308 et 311. — Arts dits libéraux, arts d'agrément, 312. — Lois naturelles, par conséquent divines, 316.

Table du 5e Cahier.

FIN

Du 5e cahier et du Cours complet.

TROYES, IMP. ET LITH. BOUQUOT.

www.ingramcontent.com/pod-product-compliance
Lightning Source LLC
Chambersburg PA
CBHW070929280326
41934CB00009B/1794